Prinz Eisenherz

IM KAMPF GEGEN DÄNEN
UND SACHSEN
DIE REISEN IN DEN ORIENT

Von Harold Foster

in der neuen Bearbeitung von
Christiane de Troye und Eberhard Urban

Edition
Aktuell

CIP-Kurztitelaufnahme der Deutschen Bibliothek

Foster, Harold:
Prinz Eisenherz von Harold Foster.
Menden/Sauerland: Edition Aktuell
Einheitssacht.: Prince Valiant
Teilw. verf. von Harold Foster u. Max Trell
NE: Trell, Max;
Bd. 6. Im Kampf gegen Dänen und Sachsen.
Die Reisen in den Orient.
In der neuen Bearb. von Christiane de Troye
und Eberhard Urban. - 1984.
ISBN 3-88101-111-0
NE: Troye, Christiane de (Bearb.)

Einbandgestaltung Werbestudio Werner Ahrens

Satz und Film: Alois Knab
Druck und Einband: Ueberreuter Buchbinderei
& Buchproduktion Ges. m. b. H.,
2100 Korneuburg
Printed in Austria

Im Kampf gegen Dänen und Sachsen

Dichter haben sie in Verse gefaßt, Troubadoure haben sie besungen: die zärtliche Romanze, die unsterbliche Liebe zwischen dem Prinzen von Thule und der Königin der Nebelinseln. Prinz Eisenherz war ein guter Ehemann, der nur einen Fehler hatte. Er verstand nicht allzuviel von Frauen – von Königinnen noch weniger.

Er war unterwegs nach Britannien, sein Ziel war das weithin leuchtende Camelot, König Arthurs Schloß. Auf Gundar Harls Segelschiff überquerte er, vom nördlichen Thule kommend, die rauhe Nordsee. Rührend kümmerte er sich um Arwak, seinen roten Hengst. Wieder einmal tobte nachts ein Sturm über die schwere See, wieder einmal blieb Prinz Eisenherz bis zum Morgengrauen bei seinem Streitroß. Aleta kletterte aus ihrer stickigen Kabine. „Ich bin es leid, mich allein in diesem dunklen Loch zu quälen, während ihr zwei euch die ganze Nacht gegenseitig tröstet! Nie hätte ich gedacht, daß mich ein nasses, stinkendes Pferd verdrängen würde!"

Der folgende Redeschwall sei verschwiegen – aus Mitleid zu dem Prinzen, der Sturm und Brandung darüber vergaß. Diese Frau zu erobern, für sich zu gewinnen, hatte er stürmische Meere durchsegelt, war durch glühende Wüsten geritten, hatte Saramand eingenommen, die Stadt des großen Khan zerstört. Zweifelte der Prinz, daß Aleta die Abenteuer und Gefahren wert war? Wer hätte ihn ermahnen sollen, daß auch eine Königin, wenn sie seekrank ist, nicht guter Laune sein kann?

Der Sturm legte sich – wie auch Aletas Unwohlsein. „Mein Mann wird mich doch nicht für launisch halten?" Sie öffnete ihre goldenen Haare, ließ sie im Winde wehen, bat verführerisch lächelnd ihren Mann, sie ihr zu bürsten. Seine starken Hände zitterten, Aleta lächelte triumphierend.

Während dieser harmonischen Szene der Versöhnung, des heiteren Familienglücks, entdeckte Gundar Harl ein Segelschiff, das ihnen folgte. Das Drachenschiff war unter dem Einsatz des Segels und aller Riemen bis auf Bogenschußweite herangekommen.

Gundar befahl, nach Steuerbord abzudrehen. Auch die Verfolger drehten ab, lagen aber jetzt nicht mehr vor dem Wind.

Die Ruderer mußten ihre Anstrengungen verstärken. Eine Stunde lang dauerte der Wettkampf, dann wurde der Ruderschlag der Piraten langsamer. Schließlich mußten sie schwitzend und erschöpft aufgeben. Das Segelschiff zog zum Horizont.

,,Ich hoffe, wir treffen nicht noch auf andere Piraten'', sagte Prinz Eisenherz, ,,bevor wir in Camelot sein werden.'' ,,Zuerst fahren wir nach London!'' bestimmte Aleta. ,,Ich brauche dringend neue Kleider! Ich trage schon lange genug diese Lumpen.'' ,,Camelot'', sagte Eisenherz. ,,London!'' beharrte Aleta. ,,Kapitän Harl, segelt nach London'', befahl sie mit sanfter Stimme. ,,Mein Mann ist nur ein Prinz. Ich aber bin eine Königin.''

Gundar Harl war auch verheiratet, er wollte keinen Streit, er stellte sich auf die stärkere Seite. ,,Königliche Hoheit, wir segeln nach London!''

Wir mischen uns nicht in die Angelegenheiten der Eltern; schauen wir, wie es inzwischen dem Sohn am Hof von König Hap-Atla erging. Auch Arne hatte Schwierigkeiten mit dem schönen Geschlecht. Frytha, die Königstochter, konnte sich wie ein Junge benehmen. Aber wenn sich ihr süßes Gesicht zum unschuldigen Engelsantlitz wandelte, schauderte Arne: das Biest heckte Teufeleien aus. „Hast du gut geschlafen?“ fragte sie scheinheilig. Arne dachte an den Eimer Wasser, der auf ihn herabgestürzt war, an die Frösche in seinem Waschwasser, an die Steine in seinem Bett . . . „Danke, gut“, antwortete er, „und deine dummen Streiche finde ich lustig.“ Frytha lachte zufrieden und rannte in ihr Zimmer, sich umzukleiden. Doch der gräßliche Kerl wollte sie heute nicht mitnehmen, er behandelte die Prinzessin wie ein Kind! Das schrie nach Rache. – Arne fand das Fischen und Jagen langweilig, ihm fehlte ihr fröhliches Geplapper, ihre Bewunderung und ihr Lob. Er kehrte bald zurück, begegnete Frytha mit ihrem Engelsgesicht. Am Abend bat er die Königin: „Darf ich heute nacht im Turmzimmer schlafen?“

Die Königin gewährte ihrem Pflegesohn Arne die Erfüllung seines Wunsches, wunderte sich aber. Irgend etwas stimmte nicht. Sie öffnete die Tür zu Arnes Zimmer, da schlug ihr ein Fisch ins Gesicht, der schon seit vielen Tagen in keinem Teich mehr geschwommen war. Sie entdeckte Sand in Arnes Bett, als eine Schüssel kalten Wassers auf sie niederklatschte. Doch sie wurde kaum getroffen. Ihre königliche Sanftmut war dahin, als sie entdeckt hatte, daß der Boden eingeseift worden war. Frytha war indes zu Arnes Zimmer geschlichen, ihren Triumph zu genießen.

Die Tür öffnete sich, und ihre Mutter trat heraus. Arne hörte in seinem Zimmer, wie die Königin ihre Tochter erzog. Zufrieden grinste er.

Prinzessin Frytha fühlte sich getroffen – vor allem von der Haarbürste ihrer Mutter. „Und Arne ist daran schuld.“ So begab sich am nächsten Tag eine junge Dame, zart und sanft, zu den Ställen, wo zwei kräftige Burschen spielten. „Ach, wäre ich doch groß und stark wie ihr. Dann würde mich dieser schreckliche Arne nicht so verletzen.“ Lächelnd versprach sie: „Jeder, der mich verteidigt, erhält einen Korb schöner Äpfel.“

Frytha beobachtete, wie die beiden Burschen den kleineren Arne überfielen. Doch sie konnte ihre Rache nicht genießen. Es hagelte mehr Schläge, als sie erwartet hatte. Und Arne gab nicht auf. Sein Gesicht war zerschlagen, geschwollen, blutverschmiert – aber er kämpfte weiter. Die Schläge trafen seinen ganzen Körper. Aber wer könnte den Mut von Prinz Eisenherz’ Sohn bezwingen? Arne schlug den einen der Burschen zu Boden. Der ergriff einen Stein, hinterrücks schmetterte er ihn auf Arnes Kopf. Erschrocken liefen die beiden Burschen weg. Ihr Opfer lag hilflos im Staub. Als Arne endlich die Augen öffnete, sah er Frytha, die sich über ihn beugte, ihr Gesicht tränennaß und bleich vor Angst.

Frytha pflegte den verwundeten Prinzen. Und sie veränderte sich. Aus dem verwöhnten Biest wurde ein verantwortungsbewußtes Mädchen. „Diesmal hat sie's zu weit getrieben!" schrie der ärgerliche Vater. „Sie muß streng bestraft werden!" „Hab Nachsicht", bat die Mutter, „sie leidet genug unter ihrer bösen Tat." – Arne war jung und kräftig, bald waren die Wunden verheilt, die Rauferei war vergessen. Frytha hatte nichts vergessen, ihr schlechtes Gewissen plagte sie. In einem großen Schwall von Worten beichtete sie Arne ihre Schuld. Stolz wandte sie sich ab. Eine Königstochter konnte niemandem zeigen, daß sie ein gebrochenes Herz hatte – wegen des Verlusts von Arnes Freundschaft. „Oh, das wußte ich doch alles!" sagte Arne lächelnd, und: „Wenn du mit mir fischen gehen willst, wird es Zeit, daß du dich umkleidest."

Königin Aleta, Prinz Eisenherz und ihr kleines Gefolge waren inzwischen in London eingetroffen. Aleta lief mit der treuen Katwin unermüdlich durch die überfüllten Straßen der Stadt. Die Frauen waren begeistert. Wie hätte es auch anders sein können – was es hier alles zu sehen und zu kaufen gab. Prinz Eisenherz, der harte Kämpfer, der den ganzen Tag reiten, laufen, kämpfen konnte, war schon bald müde, total erschöpft.

Endlich ging es weiter. Die kleine Karawane passierte das alte römische Fort, das die London-Brücke bewachte. Die römischen Legionen hatten Britannien verlassen, viele Römer aber waren hier heimisch geworden. Gegen Abend erreichte die Karawane eine befestigte Villa. Ein vornehmer Römer und seine keltische Frau begrüßten die königliche Gesellschaft. Seit sie Thule verlassen hatten, genossen sie zum ersten Mal wieder ein Bad, eine Sauna, ein Festessen. Beim Abschied sagte der Römer: „Sir Eisenherz, es wäre eine große Ehre für mich, wenn mein Sohn Claudius Sie begleiten dürfte. Er möchte die Ritterschaft erwerben."

Noch lange währte die Reise durch dichte Wälder, über weite Wiesen und Felder. Endlich kam der Tag, an dem Eisenherz das Singende Schwert hob, die von fern glänzenden Türme von Camelot zu grüßen. Camelot: wunderschöne Stadt, herrliches Schloß – Hort der Ritterlichkeit und Gerechtigkeit.

Die Nacht war schon hereingebrochen, als endlich Camelot erreicht war. Sir Kay, der Seneschall, begrüßte die Gäste und führte sie auf ihre Zimmer. Aleta war zu aufgeregt, um gleich schlafen zu können. Sie mußte wichtige Entscheidungen treffen: welches Kleid sollte sie morgen anziehen, welchen Schmuck anlegen, welche Frisur tragen? Ach wie angenehm, in den Augen der Damen Neid, in denen der Herren Bewunderung zu sehen. Köstlich die Bestätigung, daß von ihrem königlichen Charme nichts verloren gegangen war. Aleta war glücklich.

Nur eine Kleinigkeit störte Aletas vollkommenes Glück. Ihr Mann verbrachte zu viele Stunden im Gespräch mit König Arthur. Und als sie sein entschlossenes Gesicht, das Blitzen seiner Augen sah, griffen eisige Krallen ihr ans Herz – der Adler war bereit auszufliegen! Das war nicht mehr ihr zahmer Gatte, das war der harte Kämpfer im Dienst König Arthurs.

König Arthur plante einen Feldzug, die östlichen Grenzen zu sichern. Alle Ritter waren unterwegs, nur Prinz Eisenherz konnte die Führung der Streitmacht übernehmen. Alfred, Eisenherz' Knappe, hatte von dem bevorstehenden Kampf gehört. „Ihr wißt, ich bin kein großer Krieger. Ihr braucht ein starkes Schwert an eurer Seite. Ich bitte, gebt Claudius eine Chance."

Claudius' Traum hatte sich erfüllt, er war Knappe des Prinzen geworden! Das mußte er seinem Freund Edwin erzählen. Den fand er bei Aleta, die Edwin in all seiner Unschuld verehrte.

„Königliche Hoheit haben ein neues Haustier. Sind die Kinder auch nicht in Gefahr?" erkundigte sich Claudius. „Dein Geschwätz stört eine Szene zärtlichen Zutrauens", klagte Edwin, „hier ist mehr los als auf dem Marktplatz. Und wenn Sie mich, liebste Hoheit, nicht besser vor Ihrer zahlreichen Familie schützen, muß ich meine Gunst jemand anderem schenken."

Eisenherz verkündete, Claudius wäre sein neuer Knappe. „Nehmt mich auch mit, Sir, ich weiß mit einem Schwert umzugehen!" Eisenherz nickte, Edwin jauchzte.

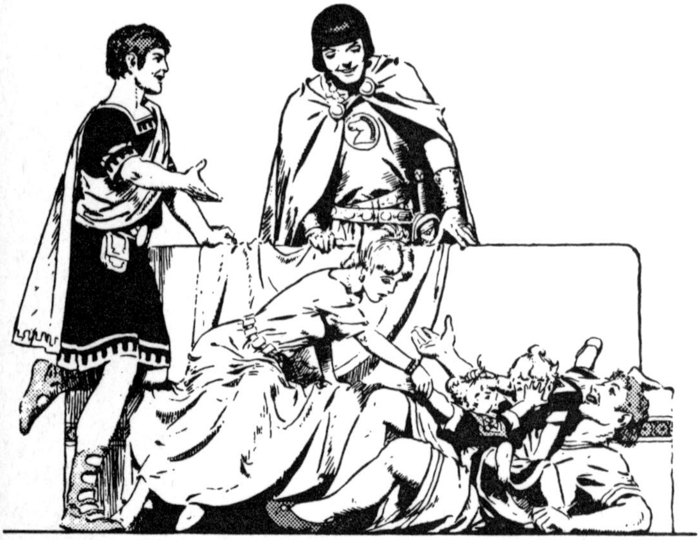

Am Vorabend der Schlacht versammelte König Arthur seine Ritter. ,,Dänen und Sachsen haben sich in Sussex und Kent eingenistet. Zerstört alle ihre Festungen und die Häfen, die ihnen bei einer Invasion nützlich sein könnten. Aber laßt die in Frieden, die das Land bestellen, die friedfertig arbeiten.“

In allen Räumen Camelots wurde Abschied genommen. Für manche war es ein Abschied für immer. Edwin führte eine alte Dame zu Prinz Eisenherz. ,,Sir, darf ich Ihnen Lady Olivia vorstellen, meine Mutter.“ ,,Gebt acht auf meinen Sohn. Er ist alles, was ich noch habe. Sorgt dafür, daß er seinem König so tapfer dient, wie es sein Vater getan hat.“ Edwin wandte sich an Aleta: ,,Vergebt mir meine Anmaßung, Hoheit. Darf ich ein Andenken an Euch mit in die Schlacht nehmen?“ Aleta reichte ihm ihren Schal: ,,Lady Olivias Sohn wird tapfer kämpfen.“

Im Morgengrauen führte Prinz Eisenherz auf seinem roten Hengst Arwak den Kriegszug an. Am Abend belehrte er die beiden Burschen über die Grausamkeit des Krieges: ,,Ihr kämpft für euren König, nicht für euren eigenen Ruhm. Bleibt rechts und links neben mir, laßt keine Lücke in der Schlachtreihe entstehen!“

Prinz Eisenherz ließ in breiter Linie seine Krieger ausschwärmen. Ganz Sussex wurde durchkämmt, kriegerische Dänen oder Sachsen waren nicht zu finden. Viele Menschen aus den Nordländern waren nach Britannien gekommen, das Land zu bestellen, für sich und ihre Familien eine Heimstatt zu schaffen. Auch die nordmännischen Händler wurden nicht von Prinz Eisenherz' Kriegern belästigt. In Kent trafen sie auf eine kampftüchtige Abteilung, die, von der Küste kommend, auf London marschierte. Eisenherz blies sein Horn, von links und rechts galoppierten seine Krieger heran. Die Linie schloß sich.

Die Sachsen hielten an, formierten sich zu einem Kampfquadrat. Prinz Eisenherz gab das Signal zum Angriff. Und wieder einmal zischten die Schläge des Singenden Schwertes wie Blitze zwischen die Sachsen. Von rechts und links hörte er die begeisterten Schlachtrufe seiner beiden Knappen, die ihren ersten Kampf bestritten.

Besessen kämpfte Prinz Eisenherz, auch Claudius zu seiner Linken war sich der ernsten Lage bewußt. Edwin stürzte sich mit tollkühnem Leichtsinn in die Menge der Feinde. Er hatte die ihm erteilten Befehle vergessen. Eisenherz sah ihn unter die Feinde fallen. „Rettet Edwin!“ rief er. Das Kriegsglück entschied sich, die Sachsen wichen zurück, Edwin war gerettet. „Wir haben gewonnen! Der Sieg gehört uns!“ rief er begeistert. Eisenherz blickte ihn vorwurfsvoll an, ließ des Jungen Lachen gefrieren. „Du hast in unsere Reihe eine Lücke gerissen, der größte Teil der Feinde konnte sich zu den Schiffen retten.“ Eisenherz wandte sich ab. Er mochte diesen Burschen, also mußte er ihm die Freude am Sieg vergällen. Aber nicht für lange, und das Lager hallte wider vom Gelächter über Edwins Späße. Sollte Prinz Eisenherz ihn zurückschicken, so seinen Stolz brechen? Wie lange blieb ein so leichtsinniger Krieger am Leben?

Prinz Eisenherz hatte nach dem Kampf seine Knappen nicht lange ruhen lassen. Sie hatten das berauschende Gefühl des Sieges kennengelernt, jetzt mußten sie in das grausame Gesicht des Krieges blicken; sie bargen die Verletzten und Toten. Eisenherz hoffte, daß Edwin einsah, wohin Leichtsinn führt.

Im Morgengrauen berichtete ein Späher, daß in der Nähe eine befestigte Stadt läge, in deren Hafen viele Schiffe ankerten. Es könnten Fischerboote sein. Doch sie waren zu groß, zu zahlreich. Eisenherz erkannte sie als sächsische Kriegsschiffe. Er ritt zur Küste hinunter. Einer der Anführer dieser Stadt erlaubte dem Prinzen höhnisch, sich in den Mauern umzusehen. Eisenherz entdeckte nichts Verdächtiges. Mit seinen Kämpfern verließ er die Stadt. Auf einem Hügel, Stadt und Küste beherrschend, stand die Ruine einer römischen Festung. Spuren führten zu ihr hin, ein dünner Rauchfaden stieg aus dem Bau in den Himmel. Eisenherz' Streitmacht näherte sich. Hinter den Mauern erhob sich eine Horde Sachsen, begierig, ihre Waffen zu gebrauchen.

Die älteren Ritter schlugen eine Belagerung des starken Feindes vor, um ihn auszuhungern. Der Plan wäre gut gewesen – aber nicht im Sinne von König

Arthur. Um die eigenen Truppen zu ernähren, hätten sie plündern müssen. So befahl Eisenherz, Sturmleitern zu bauen. Sein Plan sollte sich als erfolgreich erweisen. An der schwach befestigten Nordseite erwarteten die Sachsen den Angriff. Dort erfolgte er, die Verteidiger wurden von den Bogenschützen unter Beschuß genommen. Eisenherz stürmte unterdes mit einem Teil seiner Kämpfer zu den schwach verteidigten Ost- und Westmauern. Als erster war Eisenherz auf der Mauer. An seiner Seite kämpften Claudius und Edwin mit der ganzen Begeisterung ihrer Jugend. Es wurde dunkel, Freund und Feind waren nicht mehr zu unterscheiden. Prinz Eisenherz ließ zum Rückzug blasen.

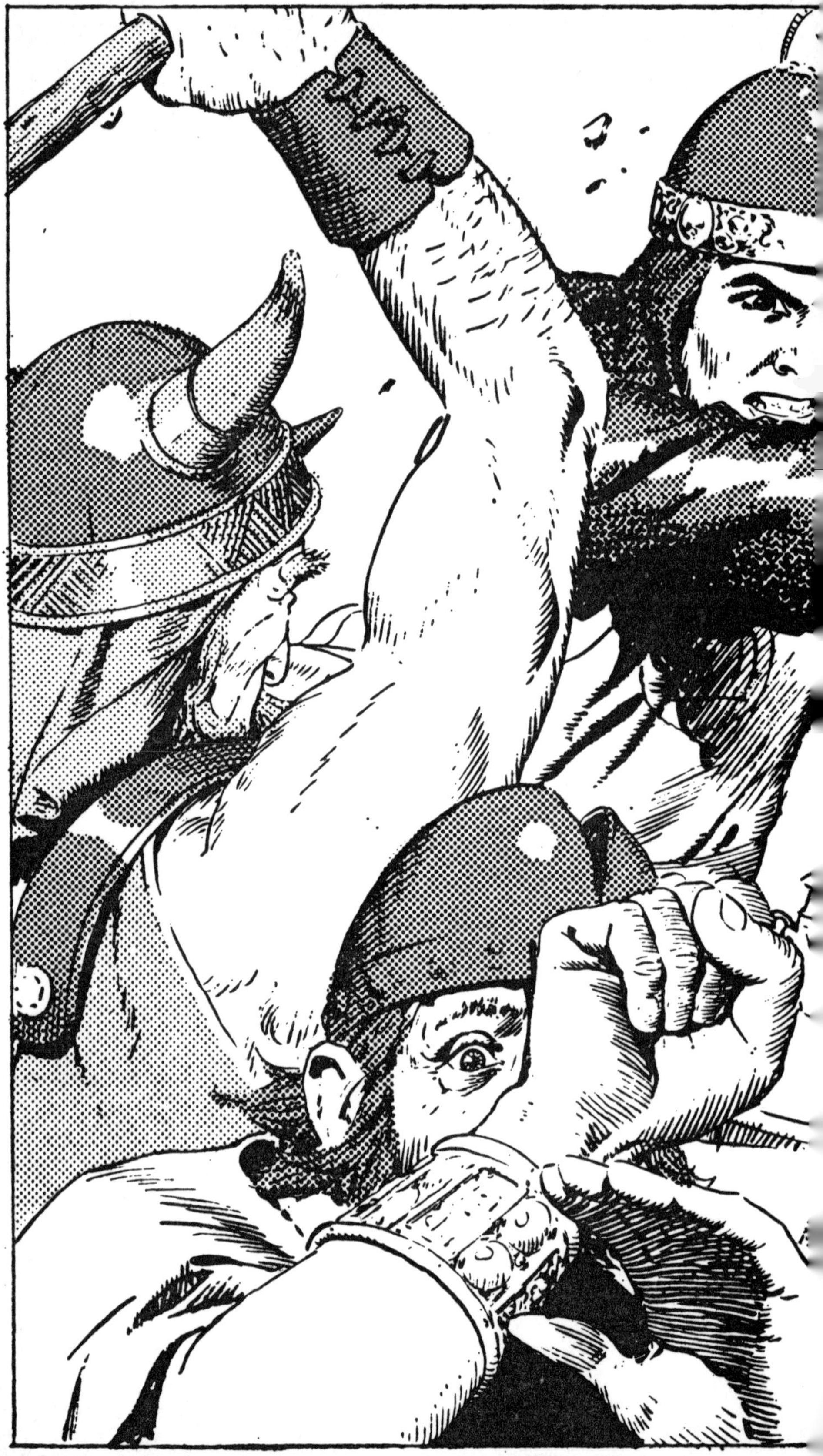

Wo war Edwin? Nicht unter den Verletzten, nicht unter den Gefallenen. Die Nacht verging. Ein Bote berichtete, daß die Sachsen die Ruine verließen. Prinz Eisenherz befahl, ihnen den Rückzug zu den Schiffen zu verlegen. Er schritt zur Festung – und fand Edwin. Nie mehr würde er seine Tollkühnheit beweisen können. Die Sachsen hatte ihn grausam zu Tode geschunden. Um seinen Hals war noch Aletas Schal geschlungen. Eisenherz, tief erschüttert, schwur bittere Rache. Er raste zur Küste, am Rand der Klippen entlang. Als rächender Dämon fiel er über die Sachsen her. Er ließ seinen Schild fallen, mit beiden Händen packte er das Singende Schwert. „Für Edwin!" Schritt für Schritt ging er im Kreise des Singenden Schwertes vorwärts. Dann stand er allein auf den Klippen, von Schweiß triefend, nach Atem ringend. Wie betäubt starrte er auf die weite See. Er drehte sich um und blickte zurück.

Prinz Eisenherz sah, was er mit dem Singenden Schwert verübt hatte. Edwin war furchtbar gerächt worden. Mühsam versuchte er die verkrampften Finger vom Griff seines Schwerts zu lösen. „Verfluchte Klinge! Heute nacht werden deinetwegen viele Frauen und Kinder weinen. Singend fährst du zwischen die Männer – danach ist Totenstille.“

In den Augen Tränen der Trauer und des Schmerzes, konnte Prinz Eisenherz nicht mehr die im Schwert eingravierten Worte lesen:

„Unbesiegbar
wer mich benutzt
zu gutem Zweck.“

Eisenherz schwang das Singende Schwert dreimal über seinem Kopf – dann schleuderte er es mit aller Kraft weit von sich. Glitzernd und glänzend sauste es singend und zischend durch die Luft, neigte sich in weitem Bogen dem Meer zu, versank in den grünen Tiefen des Wassers.

Prinz Eisenherz' Kampfeswut war längst verraucht. Flammen und Qualm stiegen von der Küste auf. Die Sachsenschiffe brannten. Seine Truppen hatten also den Feinden den Weg verlegt, bevor sie sich aufs Meer retten konnten.

INVINCIBLE IS
HE WHO USE ME
IN GOOD CAUSE

Prinz Eisenherz kletterte die Klippen hinunter, um im Meer Blut und Schweiß abzuwaschen, seine Hände zu säubern. Arme Bauern und Fischer aus der Umgebung waren auf des Kampffeld geschlichen. Von Habgier getrieben, fledderten sie die Toten und Verwundeten. Sie entdeckten den unbekleideten und unbewaffneten Krieger im Wasser. Seine Ausrüstung, die goldene Halskette und die juwelenbesetzte Scheide des Singenden Schwertes waren ihnen einen Mord wert. Eisenherz schwamm ins Meer hinaus, tauchte, um ihren Pfeilen und Speeren zu entkommen. Er geriet in eine gefährliche Strömung. Plötzlich bemerkte er ein verheißungsvolles Glitzern in der grünen Tiefe. Näher schwimmend, entdeckte er das Singende Schwert, als ob es ihm den Fluchtweg abschneiden wollte.

Prinz Eisenherz war der auserwählte Besitzer des Singenden Schwertes. Und als er seine Waffe dringend brauchte, war sie wieder zu ihm zurückgekehrt. Die Strömung hatte ihn weit abgetrieben. Auf einem versteckten steilen Pfad kletterte er nach oben. Er schaute zur Bucht hinunter, wo ihn die Räuber beim Baden überrascht hatten. Schwer beladen keuchten sie den Weg herauf.

Eisenherz versteckte sich im hohen Gras. Erschöpft waren die Fledderer auf den Klippen angelangt. Eine große Gestalt erhob sich vor ihnen, wies ihnen mit dem Schwert den Fluchtweg. Prinz Eisenherz erleichterte sie von ihrer Last, kleidete sich an und gürtete das Singende Schwert. Seine berittenen Krieger hatten die Sachsen inzwischen umzingelt, bevor sie ihre Schiffe oder die schützenden Stadtmauern erreichen konnten.

Mit dem Mut der Verzweiflung wehrten sich die Sachsen gegen die Ritter König Arthurs. Gegen die Stadtmauer gedrängt, erwarteten sie den vernichtenden Angriff. Eisenherz dachte an den gefolterten Edwin, wünschte, die Schlacht bis zum grausamen Ende fortzuführen. Was blieb einem besiegten Heer? Tod oder Sklaverei. Doch Prinz Eisenherz erinnerte sich des Königs Befehle. So bot er den Sachsen eine andere Wahl: sich als friedliche Bauern anzusiedeln. Ihre gesamte Kriegsausrüstung wurde auf ein Schiff verladen, das in Richtung Camelot

den Hafen verließ. Die Mauern der Stadt wurden eingerissen, der Turm allein zum Gedenken an Edwin instand gesetzt. Die Toten wurden begraben.

Die Sachsen erhielten keine Gelegenheit, sich nach dem Abzug der Streitmacht wieder zusammenzurotten. Sie wurden durch schwerbewaffnete Ritter über das ganze Land verteilt. Es blieb ihnen keine andere Möglichkeit, sie mußten Bauern werden.

Prinz Eisenherz und seine Krieger zogen weiter, zerstörten feindliche Befestigungen, verschonten die friedlichen Siedler.

Ostwärts ging es weiter. Eines Tages hatten sie die Küste der Nordsee erreicht. Prinz Eisenherz ließ die Truppen wenden, zu ihrer Rechten lag die Themse, vor ihnen London, wo sie Vorräte kaufen mußten. Einen Tagesmarsch noch von der großen Stadt entfernt, trafen sie Menschen auf der Flucht. ,,Die Dänen! Die Dänen kommen!'' Die Dänen, gefürchtete Invasoren, waren bis nach London gesegelt und gerudert. Nur die London-Brücke hatte sie aufhalten können. Späher berichteten Prinz Eisenherz, daß die Eindringlinge ihre Boote über Land transportierten, um auf die andere Seite der Stadt zu gelangen, wo die Mauern nicht so fest und gesichert waren. Aber auch die Dänen hatten ihre Späher. Und so erfuhren sie, daß sich Prinz Eisenherz und sein Ritterheer näherten. Die Dänen waren zwar in der Übermacht, aber sie fürchteten die Reiter auf den Pferden. Sie wählten ein Kampfgebiet, von Sumpf und Dickicht umgeben. Eisenherz' Reiterei war hier gegen die Dänen nicht mehr im Vorteil.

Prinz Eisenherz mußte seine Männer absitzen lassen. Sie schlugen und hackten sich einen Pfad durchs Dickicht. Dann standen die Dänen vor ihnen – eine lebende Mauer. Warum wurde dieser Schildring so gefürchtet? Es gab nur eine Möglichkeit, das herauszufinden: Prinz Eisenherz befahl den Angriff. Doch er und seine Männer prallten auf die großen Dänenschilde, wurden zurückgedrängt. Die Schilde waren zu einer Mauer zusammengebunden. Von oben hagelten Axthiebe, von unten trafen die Dänenspeere die ungeschützten Beine; Prinz Eisenherz befahl den Rückzug. Durch diese Mauer gab es keinen Durchbruch. Er befahl, an die langen Lanzen Streitkeulen und Morgensterne zu binden. Der zweite Angriff auf die Dänen. Die langen Lanzen trafen die Dänen unterhalb ihrer Schildmauer, über diese Mauer hinweg trafen Lanzen und krachten Keulen hernieder. Die Dänen waren überrascht.

Die gefürchtete Mauer der Dänen wankte, zerbrach endlich. Die Eindringlinge gerieten in Panik. Ein entsetzlicher Kampf tobte. Das Dickicht, das die Dänen zum Kampf ausgewählt hatten, um die Ritter zum Fußkampf zu zwingen, wurde zur tödlichen Falle. Einige der geschlagenen Dänen durften sich auf ihre Schiffe retten. Sie sollten berichten, daß der berühmte Schildring nicht unbesiegbar geblieben war.

Sieg! Die Dänen waren geschlagen. London war gerettet. Doch Eisenherz konnte nicht glücklich sein. Zu viel Blut war auf beiden Seiten geflossen. Und wenn sich die Ritter der Tafelrunde wieder versammelten, würden viele Plätze unbesetzt bleiben.

Am Stadttor dankten die Patrizier ihren Rettern.

Prinz Eisenherz hatte gedacht, daß er und seine Krieger im Triumph empfangen würden. Doch die dankbaren Stadtväter versperrten ihm den Weg. Schließlich durfte der Prinz mit der Kriegskasse und einigen Unbewaffneten den Marktplatz betreten, um neue Vorräte einzukaufen. Die Preise stiegen. Und Prinz Eisenherz' Zorn. Er setzte gerechte Preise durch. Die Händler lächelten und verkauften weiter. Ein Bote erreichte den Prinzen. „Wir wurden betrogen", keuchte er, „in vielen Weinfässern ist Wasser, mancher Getreidesack ist mit Sägemehl gefüllt." – Die Kaufleute schmunzelten zufrieden. „Alle Lagerhäuser sind leer, alles ist verkauft – zu guten Preisen." Aus dem Frohlocken wurde bald Angst. Kein Händler, kein Wagen, kein Lasttier, die die Vorräte über die Brücke gebracht hatten, war zurückgekehrt. Der Morgen dämmerte drohend.

Von der Stadt aus war zu beobachten, wie König Arthurs Leute Galgen errichteten, Kähne vorbereiteten, die Brücke in Brand zu setzen.

Bald erschien eine Delegation aus der Stadt – mit einem Friedenszweig. Voller Unschuld begehrten sie zu wissen, warum Eisenherz Kriegsvorbereitungen gegen die Stadt getroffen hatte. „Heute nacht werden wir die London-Brücke verbrennen", antwortete der Prinz, „mit den erbeuteten Dänenschiffen beherrschen wir den Fluß. Die Stadt, die keine Vorräte mehr hat, wird belagert. Aber ihr könnt Wasser und Sägemehl kaufen – zu den von euch festgesetzten Preisen!" In Erinnerung an die tapferen Männer, die in der Schlacht um die Stadt gefallen waren, trieb Eisenherz rücksichtslos die Entschädigungen ein. Dann zog er mit den Rittern, Knappen und Kriegsknechten weiter. Während dreier Tage hatte er die Stadt zweimal gerettet: einmal vor den Dänen, einmal vor sich selbst.

Freudig wurden die Heimkehrenden auf Camelot begrüßt. Frauen, Mütter, Mädchen umarmten ihre Liebsten. Andere warteten auf die langsamen Wagen mit den Verwundeten. Andere warteten vergebens. Eisenherz und Aleta fanden keine Worte, seine zitternden Hände umfaßten ihr strahlendes Antlitz. Dann erstattete der Prinz dem König Bericht, las die Liste derer vor, die sich ausgezeichnet hatten. Eine andere Liste war schwarz umrandet. Der König dankte. „Ach, Eisenherz, es ist schwer, König zu sein.“

Prinz Eisenherz trat in die Kemenate von Lady Olivia, die ihm ihren Sohn Edwin anvertraut hatte. „Kommt und setzt Euch, Prinz Eisenherz. Ich weiß schon, welche Nachricht Ihr mir überbringen wollt.“ Eisenherz berichtete ihr von Edwins Mut, vom Denkmal zu seiner Erinnerung – nur wie grausam sein Tod gewesen, verschwieg er. Sie seufzte: „Ich war darauf vorbereitet. Wir sind eine wilde und leichtsinnige Familie. Wir haben zuviel Mut und Ehre, zuwenig Besonnenheit.“

Prinz Eisenherz suchte Aleta. Wie immer war sie Mittelpunkt einer ausgelassenen Schar. Ihr fröhliches Lachen machte ihn glücklich. Eine, die nicht lachte, war Königin Ginevra.

Ginevra, schönste Königin aller Zeiten, war maßlos eifersüchtig. Auf Aleta, die alle bezauberte. Ginevra befahl alle Damen in ihr Gemach . . . alle bis auf Aleta.

Allen Damen wurde befohlen, Aleta zu ignorieren, sich nicht mit ihr abzugeben. Dann war Ginevra wieder allein. Sie war nicht böse. Nur unzufrieden, traurig. Plötzlich ertönte ein Trappeln von Füßen, wilde und spitze Schreie. Die Vorhänge flogen beiseite, zwei kleine Furien stürzten ins Zimmer, ineinander verkrallt. Ein wilder Kampf. ,,Schluß!" rief die Königin. Zwei strahlende Augenpaare blickten sie an. Ein doppeltes sonniges Lächeln antwortete ihr. Die beiden kamen näher, kletterten mit größter Selbstverständlichkeit auf die königliche Ruhestatt. ,,Erzähl uns eine Geschichte", bettelten sie. Was kann eine kinderlose Frau tun, die so innig gebeten wird? Also erzählte die schöne Königin Ginevra den zwei Kobolden eine Geschichte.

Es war Zeit zum Baden, Aleta suchte ihre Zwillinge. Die laute Spur führte zu den königlichen Gemächern. Aleta beeilte sich. Und so fand sie Valeta und Karen, und sie sah, wie sie sich benahmen, wie sie Königin Ginevra zugerichtet hatten. Ginevra blickte zu der Frau, die sie zu hassen glaubte. „Sind das Eure Kinder?" „Ja, ich hoffe, sie haben Euch nicht zu sehr gestört. Es ist Zeit für ihr Bad." Mit dem Fuß hielt sie Valeta fest, mit schnellem Griff fing sie Karen. Bisher hatte Ginevra Kinder nur aus der Ferne gesehen. Diese beiden hatten sie zerzaust, mit ihren Juwelen gespielt . . . Etwas regte sich in ihrem Herzen, bescheiden fragte sie: „Darf ich mitkommen?" „Gern. Niemand benutzt um diese Zeit das große Becken der Damen, gehen wir dorthin." „Ist das nicht zu groß, zu gefährlich?" – Und die Damen des Hofes wunderten sich, daß Königin Ginevra Aletas Kindermädchen spielte.

Zu Königin Ginevras Überraschung hatte auch Aleta ihr Kleid ausgezogen, sich ein Handtuch um ihre Haare geschlungen. Lachend warf die Mutter ihre Kinder an der tiefsten Stelle des Beckens ins Wasser. Ginevra schrie vor Entsetzen laut auf. Wie zwei Gummibälle tauchten die Zwillinge wieder auf und paddelten lachend herum. Ginevra war begeistert, es störte sie nicht, daß ihre Kleider naßgespritzt wurden. Sie legte ihre Krone beiseite, streifte die königliche Würde ab und stürzte sich ins nasse Vergnügen.

Prinz Eisenherz und König Arthur waren sehr überrascht, als eine lachende und tropfende Gesellschaft an ihnen vorüberzog. „Es ist die Königin", staunte Arthur, „und sie lacht. Ein so fröhliches Lachen habe ich von ihr schon lange nicht mehr gehört."

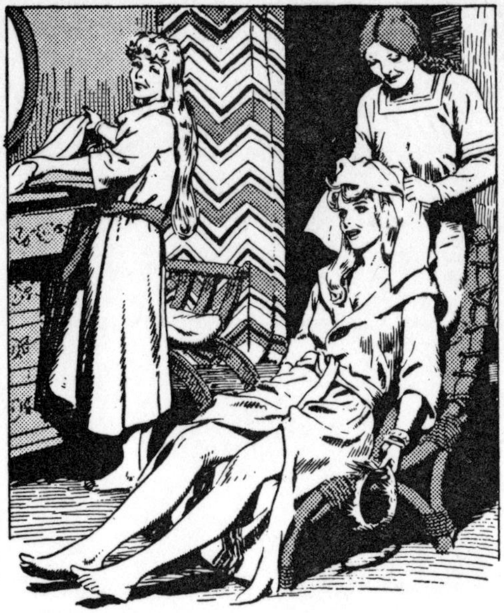

Königin Ginevra half, die Zwillinge ins Bett zu bringen. Zum ersten Mal in ihrem leben fühlte sie Kinderarme, die sich um ihren Hals legten, bekam sie einen nassen Kuß auf die Nase. „Ich bin zerquetscht, naß und müde", stöhnte sie, „aber es war sehr schön." Da stolperte Prinz Eisenherz ins Zimmer. Ginevra bat ihn näher. Aleta hatte den bewundernden Blick gesehen, mit dem ihr Mann die schöne Gestalt der anderen Königin bedacht hatte. Da würde er noch etwas zu hören kriegen! Doch er sprach zuerst: „Sir Gawain wird vermißt. Er führte einen Trupp Ritter nach Wales. Dort ist er verschwunden." – Eisenherz fand Arthur bei den Falken. „Mit Eurer Erlaubnis, Sir, möchte ich Gawain suchen. Er ist mein Freund."

Begleitet von Jolly Jan Waldoc, der Gawains Führer durch Wales gewesen war, ging Eisenherz auf die Suche. Sie erreichten Caerwent, eine Stadt, vor zwei Jahrzehnten von den Römern aufgegeben. Der Häuptling von Caerwent, ein dicker Kelte, verweigerte barsch jede Auskunft. Eisenherz spielte mit einer Goldmünze. „Wir sind in Sorge um Sir Gawain." Mit gierigen Augen verfolgte der Dicke die Münze, mit geschickter Hand fing er sie auf. „Man sagt, ein verwundeter Ritter liege in Caerleon, drei Meilen westwärts."

In Caerleon, ehemals eine römische Festung, fand Eisenherz in einer dunklen, elenden Gaststube einen verwundeten Ritter. Es war nicht Gawain – sondern Sir Beaton. „Ich wurde im Kampf verwundet, konnte mich hierher schleppen." Außerhalb der Festung steht – heute noch – ein römisches Amphitheater. Hier war es sauber. Sir Beatons Krankenlager wurde hier aufgeschlagen. Zwei Männer und eine Frau sollten den Ritter pflegen, die Vorräte verwahren. Prinz Eisenherz zeigte ihnen drei Goldstücke: „Die gehören euch, wenn Sir Beaton wieder reiten kann, wenn wir zurückkommen."

„Zuletzt sah ich Gawain beim Steinernen Kreuz", hatte Beaton berichtet. Prinz Eisenherz und Waldoc ritten am Ufer des Usk nach Norden. Waldoc erzählte: „Hinter diesen Bergen hatten wir unsere letzte Schlacht. Wir hatten gesiegt. Sir Gawain war bester Laune." Am Steinernen Kreuz angekommen, fragte Eisenherz: „Wohin führen diese Wege?" „Der eine Weg in die Schwarzen Berge zu Ginvrick dem Schrecklichen, der andere zum habgierigen Gebietskönig von Oswick. Beide ins Verderben", antwortete eine Stimme. „Wer bist du?" „Ich bin Ruy, der Gaukler. Ich bin geächtet, weil ich eine Liebschaft mit der jüngsten von König Oswicks schönen Töchtern hatte." „Schöne Töchter!" rief Prinz Eisenherz. „Wo könnte Gawain anders sein als dort, wo schöne Mädchen und Frauen sind? Reiten wir nach Oswick!"

Ruy führte Eisenherz und Waldoc zu einem verfallenen keltischen Tempel, von wo sie auf Oswicks Burg herabschauen konnten. Aus einer dunklen Gruft holte Ruy ein Stück Wild und einen Krug mit kühlem Bier. Und der Gaukler erzählte: „Wenn Euer Freund bei Oswick ist, dann sitzt er in einer Zelle und wartet darauf, freigekauft zu werden. Wenn Ihr so reich gekleidet dorthin reitet, wird Euch das gleiche Schicksal ereilen." – Mitten in der Nacht wachte Eisenherz auf. Jemand rief nach ihm – aber keine Stimme war zu hören. Das fahle Sternenlicht enthüllte eine düstere Gestalt. „Wer bist du?" stammelte der Prinz. Er erkannte das Gesicht, jetzt von Harm und Sorge geprägt. „Merlin!"

„Merlin, verehrter Freund und Lehrer, was ist geschehen?" „Meine Tage sind gezählt", antwortete der berühmte, ehemals allmächtige Seher und Zauberer, „was kann ich für dich tun, mein Sohn, bevor ich wieder gehen muß?" „Wie kann ich Gawain befreien?" „Wir Seher dürfen Sterblichen nicht enthüllen, was wir sehen. Aber . . . dein Leben ist in Gefahr. Schild und Schwert sind ohne Wert. Eine Laute ist besser als ein Schlüssel. Ein langer Arm weist den Weg zur Befreiung." Eine Mädchenstimme klang durch die Dämmerung. „Ich muß gehen", sagte Merlin. Prinz Eisenherz sah in der Ferne eine zarte Gestalt – Nimue, das Wassermädchen, in deren zierlichen Händen das Schicksal Merlins lag.

Eisenherz begrüßte seine Gefährten. „Ich bin nicht Eisenherz. Ich bin Cid der Gaukler. Besorgt mir eine Laute, einen alten Umhang." Tagelang unterhielt Cid seine Gefährten mit alten Liedern, bis seine Stimme und seine Finger wieder geübt waren. Mit seinen Zaubertricks verblüffte er Waldoc und Ruy.

Singend verabschiedete sich Prinz Eisenherz und er – nein Cid der Gaukler –ritt zu König Oswicks Burg. Er trällerte ein Lied, das er früher oft mit Gawain gesungen hatte. Wenn er hinter diesen Mauern gefangengehalten wurde, wäre es für ihn ein Zeichen der Hoffnung. ,,Macht Platz, ihr tapferen Männer! Platz für den größten Troubadour. Ich bringe euch Lieder, Zauberei und Spaß. Und einen leeren Bauch.'' Sänger und Gaukler waren immer willkommen. Cid fand schnell Einlaß. Seit Ruy vor der Axt des Herrschers geflohen war, hatte es an Liedern und Lustigkeiten gemangelt. König Oswick bekam Meldung von der Ankunft des Gauklers. ,,Bringt ihn her! Er soll zeigen, was er kann.''

Cids Vorführung wurde ein großer Erfolg. Sein Publikum lachte bis in die Nacht hinein, König Oswicks Mißtrauen schwand. Am nächsten Tag, als der Gaukler sich wusch, kam der Seneschall vorbei. Der eilte zu Oswick. ,,Sir, dieser Cid ist kein Gaukler. Sein Körper ist wie aus Eisen und voller Narben. Er ist ein Krieger oder Ritter." Zu Oswick befohlen, erklärte Cid: ,,Gewiß, ich bin ein Kämpfer. Ich habe von Rom bis zum Hadrianswall gekämpft. Für jeden, der mit guten Sold oder reicher Beute zahlte. Der Kampf füllte meinen Geldbeutel." Er grinste: ,,Gesang und Spaß füllen meinen Magen. Vielleicht wäre ich ein guter Ritter. Aber ein voller Becher ist mir lieber als ein Schwert." Er lachte, trank, machte Spaß. Am Abend war er betrunken, torkelte hinaus. Wie eine Maske ließ er die Trunkenheit fallen. Er stieg zum Wachturm hinauf.

Cid ließ sich erst von den Wachen bitten, bevor er ein Lied sang – das Lied, das er oft mit Gawain gesungen hatte. Eine zweite Stimme fiel in sein Lied ein: Gawain! „Eine wunderbare Stimme", rief Cid aus, „fragt ihn doch, ob er kommen und mit uns singen will." „Nein", sagte einer von der Wache, „das ist ein Gefangener. Der sitzt dort drüben im Turm." Der Gaukler Cid sah im Durcheinander der Baustelle für einen neuen Turm einen Drehkran. Sein langer Arm knarrte im Winde. Der lange Arm aus Merlins Prophezeiung! Gegen Morgen, die Wachen dösten vor sich hin, kletterte Cid auf den Kran. Ein gut vergittertes Fenster, zwei starke Türen, drei wache Posten bewiesen, wie wertvoll der Gefangene war.

Und wieder unterhielt Cid die Gesellschaft am Hofe des selbsternannten Königs Oswick. ,,Heute erzähle ich euch die Geschichte, wie ich als Krieger mit Sir Gawain und Prinz Eisenherz nach Rom zog. Wie so oft war Gawain auf der Flucht vor seinem verärgerten Onkel, dem König Arthur . . .'' Cid erzählte, die ganze Gesellschaft lachte, der tyrannische Oswick grübelte und fragte den Gaukler: ,,Wenn König Arthur seinen Neffen Gawain nicht leiden kann, wird er dann auch kein Lösegeld bezahlen?'' Cid lachte: ,,Bestimmt nicht. Er wird Eure Forderung Gawains schrecklichen Brüdern geben, Gaheris, Agrawaine, Gareth und Modred, dem Halbbruder. Diese grausamen Krieger werden mit den Mannen ihres Vaters, des Königs Lot von Orkney, Gawain befreien.'' Oswick sorgte sich nun. Was sollte er tun?

Cid wurde ins Gemach der drei schönen Königstöchter befohlen, sie zu unterhalten. Ihm kam ein Gedanke!

„Ich singe Euch, schöne Töchter des Königs, das Lied von Sir Gawain, dem armen, höflichen, romantischen und tapferen Ritter. Er zog bis ans Ende der Welt, ein Mädchen zu finden, würdig seine Frau zu werden, und den Thron des Königs von Orkney mit ihm zu teilen."

Gespannt und aufmerksam lauschten die Mädchen. Und traurig beendete er Erzählung und Saitenspiel: „Armer, einsamer Gawain. Seine Suche blieb erfolglos. Er selbst ist verschollen." Welches Mädchen hätte ungerührt zuhören können? Die schöne Wym ordnete ihre Frisur, zupfte an ihrem Kleid. Dem Kastellan befahl sie, die Tür zum Balkon zu öffnen, der vor Sir Gawains Zelle lag.

Cid huschte in den Hof. Es war eine dunkle, stürmische Nacht. Die Wachen hatten die Mauern verlassen und im Turm Schutz gesucht. Gawain in seiner Zelle hörte seinen Namen rufen. Er spähte durch die Gitter, sah den langen Arm des Krans – verziert mit einer Figur, über die er sich freute. Sein Freund Eisenherz hockte dort in schwankender luftiger Höhe und rief ihm die Einzelheiten des Fluchtplans zu: „Mach Prinzessin Wym den Hof, wenn sie dich besucht. Überrede sie, den Schlüssel zur Zelle zu besorgen . . ."

. . . um mit ihr auf dem Balkon spazieren zu gehen. Dann nimm einen Abdruck des Schlüssels mit diesem nassen Lehm. Hier, fang!“

Gawain befolgte Eisenherz’ Anweisungen so geschickt, daß man vermuten muß, daß er viel Erfahrung als Charmeur hatte. Zärtlich flüsterte er: „Du bist die Schöne, nach der ich ein Leben lang gesucht habe. Aber ich verkümmere in dieser Zelle, wie ein gefangener Adler das Fliegen verlernt. Ich möchte mit dir lustwandeln. Hol den Schlüssel zum Balkon. Entfliehen kann ich nicht, das andere Tor bleibt ja verschlossen.“ Ach, Wym sehnte sich danach, mit diesem hübschen Ritter zusammensein zu dürfen.

Wym verlangte vom Kastellan den Schlüssel. „Ich darf ihn Euch nicht geben, Hoheit. Der König würde mich dafür köpfen lassen.“ „Gib mir den Schlüssel!“ kreischte sie, zerriß sich das Kleid, „oder ich schreie um Hilfe. Dann wirst du gefoltert und gevierteilt.“ Und so spazierte die Prinzessin mit Gawain bald auf dem Balkon, paßte auf, daß ihr der künftige König von Orkney nicht entwischte. „Schau mal“, rief Gawain aus, „was die Maurer vergessen haben. Daraus machen wir einen Talismann. Etwas, was mich in meiner Zelle an diesen glücklichen Moment erinnert.“ Und er drückte ihre zarte Hand, mit der sie den Schlüssel hielt, in den Lehm. In der Burgschmiede fertigte der Gaukler Cid, unter dem Vorwand, seine Ausrüstung ausbessern zu wollen, einen Nachschlüssel an.

Dank eines kleinen Gauklertricks brachte er den Schlüssel in Gawains Zelle. Noch eine Schwierigkeit: Der Baukran quietschte sehr laut, konnte in der Nacht die Flucht verraten. Cid wandte sich an den Baumeister. „Dein Kran stört den König. Öl dein Gerät, bevor der König zornig wird und dich in heißes Öl taucht."

Am Abend begeisterte Cid wieder die ganze Gesellschaft. Draußen heulte der Wind, prasselte der Regen. Der Gaukler hatte wieder zuviel getrunken, der König ärgerte sich: „Werft den Trunkenbold in den Regen." Cid murmelte: „Danke, Hoheit." Erfrischt von Wind und Regen drehte er den langen Arm des Krans in Richtung von Gawains Zelle.

Gawain schloß seine Zelle auf und hinter sich wieder ab, warf den Schlüssel in den Burggraben. Cid – nein, jetzt wieder Prinz Eisenherz – schwankte auf dem langen Arm; er hatte, um den König zu täuschen, wohl auch aus Übermut, vielleicht doch etwas zuviel getrunken. Gawain verknotete das Seil an seinem Gürtel. Eisenherz drehte unten die Kurbel des Krans, in hohem Bogen flog Gawain in die Dunkelheit, hing über dem Burggraben. Eisenherz löste die Sperre, Gawain sauste in die Tiefe. Mühsam befreite sich Gawain aus dem Morast, da traf ihn die schwere Rolle. Jetzt hatte Eisenherz den Kran wieder in der Gewalt.

Während Gawain, wie von Eisenherz empfohlen, unter der Brücke wartete, fror, sich elend fühlte (der Preis für seine Freiheit war hoch), während Eisenherz mit schwachem Kopf erwachte, tobte König Oswick. Gawains Flucht war bemerkt worden, der Kastellan wurde ausgepeitscht. Eisenherz zum König geschleppt, der dem Gaukler nie so recht getraut hatte. „Was weißt du von der Flucht? Du warst letzte Nacht im Burghof." Der König sah in Eisenherz' Augen ein gefährliches Glitzern, wich zurück. „Ihr habt recht, Herr", entwortete dieser, „aber ich hatte zuviel getrunken. Eines weiß ich, kein Gefangener kann hier entkommen. Es sei denn mit der Hilfe ei-

nes Verräters – oder durch Zauberei." „Zauberei?" stammelte der König. „Ja, Zauberei!" wiederholte Eisenherz, freute sich über des Königs große Furcht. „Ein Gaukler wie ich erfährt mehr, als Ihr denkt, Hoheit. Zeigt mir den Kerker, und ich werde Euch sagen, ob Zauberei und Magie im Spiel sind." Oswick zeigte Eisenherz die verschlossene Zelle, erzählte, daß Gawain verschwunden wäre – unsichtbar.

„Unsichtbar?“ erschrak Eisenherz – während Gawain ungesehen unter der Brücke hockte. „Unsichtbar? Ihr kennt doch die Sage von den drei Schwestern aus Cornwall. Morgana ist die Königin aller Hexen. Eine ihrer Schwestern ist Sir Gawains Mutter. Sie hat ihn unsichtbar gemacht, um seine Feinde zu vergiften. Wir müssen Gawain aus dem Schloß locken. Laßt sein Pferd satteln, beladet es mit seinem Schwert und Schild und kostbaren Geschenken.“ Kichernd ritt Eisenherz auf die Brücke, rief: „Komm heraus, du Wasserratte.“ Vor den Augen König Oswicks wurde Gawain sichtbar. Noch lange grübelte der Tyrann, ob er von einem bösen Zauber bewahrt oder zum Narren gehalten worden war.

Bei den Tempelruinen trafen Prinz Eisenherz und Sir Gawain Ruy, den Gaukler, und Jolly Jan Waldoc. Die fröhliche Gesellschaft verließ Wales. Es war eine langweilige Reise – kein Zwischenfall ereignete sich. In Caerleon trafen sie den Ritter Beaton, der genesen war. Er und Ruy und Waldoc nahmen den leichten und sicheren Weg nach Camelot.

Prinz Eisenherz und Sir Gawain ritten durch die Cotswold Hills. Kein einziges Mal mußten sie zu Schwert oder Lanze greifen. Ein Gastwirt endlich versprach Aussicht auf Abenteuer: ,,Willkommen, edle Herren, seid Ihr auf dem Weg zum größten Turnier, das je in Hamlin veranstaltet wurde?" ,,Ja", meinte Gawain, und zu Eisenherz: ,,Wir brauchen Übung, wir werden siegen – ich werde siegen." Bis in die Nacht saßen die Freunde beim Wein. ,,Warum lächelst du so töricht?" fragte Gawain. ,,Wetten, daß ich mehr Preise gewinnen werde als du?" grinste Eisenherz. ,,Aber es gibt nur einen großen Preis", meinte Gawain, ,,es sein denn, du beteiligst dich an den Kämpfen des einfachen Volkes." ,,Wir, auf Camelot trainiert, besiegen leicht die Ritter. Versuchen wir uns doch mal in den volkstümlichen Kämpfen."

Mit ihrer Kleidung hatten Eisenherz und Gawain auch Aussehen und Ansehen gewechsel. Der Wirt wurde zur Verschwiegenheit verpflichtet. Zwei junge Edelleute betraten die Schankstube, der eine stieß Eisenherz beiseite. „Mach Platz, Knecht!“ Eisenherz stellte ihm ein Bein, der Herr fiel in den Staub. Zornentbrannt raffte er sich auf, stürmte mit einem Dolche auf Eisenherz. Der packte mit eisernem Griff das Handgelenk, eine schnelle Drehung, der Dolch flog aus der Hand. Prinz Eisenherz blickte in zwei haßglühende Augen.

Später vertraute der Wirt Eisenherz an: „Ihr seid in Lebensgefahr. Das war der stolze und rücksichtslose Coth. Er wird sich mit allen Mitteln rächen.“ Und er erzählte weiter: „Das Turnier wird zu Ehren von Alice, der Tochter des Herrschers auf Hamlin, veranstaltet. Der Kampf um ihre Hand wird zwischen Coth und dem freundlichen Kerwin ausgetragen werden. Kerwin wird kaum eine Chance haben.“

Prinz Eisenherz und Gawain, diese einfachen Leute aus dem Volke, nahmen an jedem Wettstreit teil. Gawain ärgerte sich immer mehr. Im Bogenschießen wurden sie von den Waldarbeitern und Jägern besiegt, im Laufen von den Boten. Bei den rauhen Sportarten endlich konnte Gawain sein Können beweisen. Beim Ringen, Boxen, Werfen mit dem Spieß besiegte er viele Gegner. Eisenherz schlug mit stumpfem Schwert auf Helme und Schilde; seine Gegner hatten seit dem letzten Krieg nie wieder so gelitten. Am Vorabend der ritterlichen Wettkämpfe überreichte der Herrscher von Hamlin Gawain, der die meisten Gegner besiegt hatte, die meisten Preise. Coth, der bei allen Kämpfen Eisenherz genau beobachtet hatte, mußte feststellen, daß er gegen diesen Mann nicht bestehen konnte.

Aus den Augenwinkeln sah Prinz Eisenherz, wie Coth einem üblen Burschen Befehle zuflüsterte.

Der gedungene Mörder stellte fest, daß sein Opfer ein Panzerhemd und eiserne Fäuste besaß. Als der Schurke wieder zu sich kam, hing er gefesselt an der Mauer, blickte in seinen eigenen Dolch. Die nächste Begegnung war für Eisenherz überraschend: zärtliche Hände zausten sein Haar. „Kerwin, morgen mußt du gegen Coth kämpfen. Wenn er dich tötet, will auch ich sterben." Prinz Eisenherz sprang auf. „Ihr müßte Lady Alice sein. Und Ihr meint den jungen Mann, der gerade den Garten betritt." Die Ähnlichkeit war verblüffend. Dem verdutzten Kerwin versicherte Eisenherz: „Ich werde dir helfen." Während Eisenherz den Burschen unterrichtete und merkte, daß er ein Anfänger war, machte Gawain Eroberungen.

Prinz Eisenherz lehrte Kerwin auch den richtigen Gebrauch des Schwerts.

Sir Gawain lehrte den Damen, Mitleid mit seiner romantischen Erscheinung zu haben. Ach, diese traurigen Augen, das krampfhafte Lächeln, sein hohles Lachen. Manches zärtliche Wesen wollte ihn trösten, manche Herausforderung zum Duell heimste er ein. Vor der Morgendämmerung kehrte Gawain ins Gasthaus zurück. Von Eisenherz borgte er sich ein weißes Nachtgewand und ein Bettuch, seinen Schild ließ er weiß anpinseln. „Ich bin der weiße Ritter, ich bin unschlagbar."

Die Ritter zogen zur Kampfbahn, Coth suchte Lady Alice. „Ihr haßt und fürchtet mich", höhnte er, „wenn der Tag sich neigt, werdet Ihr mir gehören. Die Rose ist süßer, die gebrochen ist."

Voll ungeduldiger Kampfeslust standen sich die jungen Krieger in zwei Reihen gegenüber. Der Lord von Hamlin hob sein goldenes Zepter, Fanfaren gaben das Signal. Die Reihen der Kämpfer prallten aufeinander. Sie gingen zwar mit stumpfen Waffen aufeinander los, ungefährlich war es trotzdem nicht. Die junge Lady Alice beobachtete bang Kerwin.

Lieber soll er jetzt verwundet werden, als später im Zweikampf gegen Coth womöglich tödlich verletzt werden. So dachte die verliebte Lady Alice. Prinz Eisenherz beobachtete den brutalen Coth. Ein hervorragender Kämpfer, seine Gegner mit den weißen Schildern fielen unter seinen schrecklichen Schlägen – die meisten seiner Opfer wurden von hinten getroffen.

Die Fanfaren verkündeten das Ende der ersten Runde. Außer Atem eilte Kerwin begeistert und strahlend zu Eisenherz. „Ich habe so gekämpft, wie Ihr es mich gelehrt habt. Ihr müßt ein großer Ritter sein. Wüßt' ich Euren Namen, ich könnt' Euch richtig danken." Triumphierend ritt Coth vorüber. Prinz Eisenherz riet Kerwin: „In der Runde der Herausforderer kämpfe nur, wenn du mußt. Fordere niemanden heraus. Schone deine Kräfte für den Kampf gegen Coth."

Die Damen begrüßten freudig den weißen Ritter, erkannten sie in ihm doch den Troubadour der letzten Nacht. Er erfüllte alle Verpflichtungen mit Erfolg.

Coth, siegessicher, wollte kein Risiko eingehen. Einem Freund gab er

den Auftrag: „Fordere Kerwin, ermüde ihn." Eisenherz trat zu Gawain, der sich bei den Damen für den Applaus bedankte. „Kerwin ist herausgefordert worden. Fordere Coth heraus, um auch ihn zu ermatten."

Kerwin ritt auf das Kampffeld. Er war zuversichtlich, seinen Gegner dank des vorzüglichen Unterrichts, den er genossen hatte, besiegen zu können.

Die Lanzen splitterten, einer der Kämpfer stürzte aus dem Sattel. Kerwin war Sieger. Vor dem Pavillon des Lords nahm er den Beifall entgegen. Er ging in sein Zelt. Blut war auf seinem Hemd.

Coth, der die Verletzung seines Rivalen bemerk hatte, lachte schadenfroh. Ärgerlich blickte er auf, als eine Lanzenspitze seinen Schild traf – eine Herausforderung. Ein weißer Ritter lächelte: ,,Komm, kleiner Mann, versuchen wir's.'' Gawain warf mit kalter Überlegenheit Coth in den Staub. Doch er hatte die Kraft und Geschicklichkeit seines Gegners bemerkt. Er wußte, Kerwin hatte keine Chance.

In seinem Zelt versuchte Kerwin die

Wunde zu verbinden. Eisenherz nahm Kerwins Rüstung, zog sie an. ,,Was macht Ihr?'' schrie der Junge. ,,Ich werde dich beim Kampf vertreten.'' ,,Solange ich auf einem Pferd sitzen kann, solange werde ich kämpfen!'' ,,Liebst du deine Ehre mehr als Alice? Willst du ehrenhaft sterben und das Mädchen dem brutalen Coth überlassen? Leg dich hin, junger Mann, ich muß eine Rechnung begleichen.''

In Kerwins Rüstung war Prinz Eisenherz aus dem Zelt getreten, hatte sein Pferd bestiegen, herausfordernd mit der Lanze den Schild von Coth berührt. „Du hast mich herausgefordert, also bestimme ich die Kampfart. Drei Runden mit der Lanze, dann zu Fuß mit scharfem Schwert – Kampf auf den Tod!"

Obwohl sich sein Gegner oft an sein blutbeflecktes Gewand griff, auch im Sattel wankte, wurde Coth dreimal zu Boden geworfen. Wütend zog er sein Schwert. Sein Gegner stieg langsam aus dem Sattel, lehnte sich müde an sein Pferd. Die kräftigen Schläge von Coth wurden abgewehrt. Coth befielen Zweifel an seinem eigenen Können. Angst gesellte sich dazu, als von allen Seiten Schwertschläge prasselten. Doch Eisenherz tötete Coth nicht. Langsam ging er zu Kerwins Zelt.

Alle waren überrascht, daß Kerwin den wilden Coth besiegt hatte. Während des großen Festes wurde der Jüngling bejubelt, wurde zum Ritter geschlagen, er hielt die Hand von Lady Alice – das Einzige, was er wirklich verdient hatte.

Prinz Eisenherz und Gawain waren wieder unterwegs. Viele Köpfe und Herzen ließen sie verwundet in Hamlin zurück. Nach einigen Tagen, inmitten der Ebene von Salisbury, waren die Satteltaschen leer. ,,Ich habe Hunger'', stöhnte Gawain, ,,sollen wir würfeln, wer wen verspeisen darf?'' ,,Ich kann nicht zulassen, daß jemand verhungert, der mir anvertraut wurde. Geh und schneide Weidenzweige'', antwortete Eisenherz. Gawain schwitzte und schimpfte: Eisenherz baute eine Fischfalle.

Gawain mußte seinen Umhang ausziehen, Kragen und Ärmel zubinden und diesen Sack in die Öffnung der Falle halten. Eisenherz watete durch das Wasser und trieb die Forellen flußabwärts. Später klopfte Gawain zufrieden auf seinen vollen Bauch. „Ausgezeichnet. Aber schade, daß du Ritter geworden bist. Du wärst ein guter Bauer, sogar ein geschickter Wilddieb."

Am nächsten Morgen schimpfte Gawain schon wieder: „Fisch, Fisch, Fisch. Ich habe mehr Fisch gegessen, als eine Seemöwe verträgt. Wann endlich kommen wir wieder in eine zivilisierte Gegend?" „Trockne deine Tränen. Unser Speisezettel wird sich ändern. Dort oben kreist ein Falke, da hinten muß ein Kaninchenbau sein. Bitte, schneide eine Handvoll Haare vom Schweif deines Pferdes ab." Doch Gawain wollte nicht sein Pferd verunstalten. Er näherte sich Arwak.

Nachdem Eisenherz' Streitroß den sich anschleichenden Gawain unheilvoll angeblickt hatte, knüpfte Eisenherz aus den Haaren von Gawains Pferd Schlingen. Bald gab es für Gawain eine neue Gelegenheit zum Schimpfen: ,,Ich habe viele Kämpfe bestanden, ich habe viel Blut fließen sehen. Aber Kaninchen abziehen und ausnehmen ist etwas ganz anderes. Ich fühle mich entsetzlich."

Wieder unterwegs, erreichten sie endlich die königliche Heerstraße. Auf ihr zog eine Lady dahin, begleitet von Dienern und Packtieren, beschützt von vier Rittern, die ihre Schilde und Lanzen hoben, die Lady zu verteidigen. Eisenherz wunderte sich über seinen Freund. Statt die Gelegenheit zu einen Training zu nutzen, senkte Gawain Schild und Lanze, rief: ,,Wir sind friedfertig! Kein wahrer Ritter würde es wagen, einer so schönen Dame den Schutz zu rauben."

„Wir sind keine Feiglinge, aber wir schonen die Ritter, deren Pflicht es ist, einen so wertvollen Schatz, wie Ihr es seid, zu hüten. Schöne Frau, wir bieten unsere Begleitung bis zu dem Märchenland, wo Ihr zu Hause seid, ehrerbietig an.“ Und zu Eisenherz gewandt, erklärte Gawain: „Wir haben überlebt dank deiner Diät aus Fisch, Kaninchen, Fisch, Kaninchen. Aber dank meiner reichen Erfahrung mit dem anderen Geschlecht werden wir nun eine Weile im Luxus leben.“ So wurden aus den beiden Rittern Ehrengäste an der Tafel der Gräfin von Rutherford. Am nächsten Tag, nachdem sich Gawain von den Strapazen des Festessens erholt hatte, forderte er die vier Ritter der Gräfin heraus. Selbstverständlich warf er sie alle aus dem Sattel. „Nur, damit sie keinen falschen Eindruck von mir gewinnen“, erklärte er.

Eisenherz beobachtete zwei junge Leute beim Bogenschießen. Der Bursche lud den Prinzen ein, mit ihm um die Wette zu schießen. Joan, die einzige Tochter des Grafen von Rutherford, war stolz, daß ihr Liebster sich mit dem berühmten Ritter messen durfte. Als ein würdiger Herr in den Burghof einritt, lief ihm Joan jubelnd entgegen. Ihr Vater kam von einem Besuch auf Schloß Amesbridge zurück. Er brachte einen Vertrag mit, der das Glück seiner Tochter zerstörte. Sie sollte Hume, den Erben von Amesbridge, heiraten, einen Mann, den sie noch nie gesehen hatte. Der Vater erklärte der Tochter: „Ruther-

ford und Amesbridge müssen vereinigt werden, daß eine starke Front gegen die Feinde König Arthurs entsteht. Sonst müssen Hunderte im Krieg sterben. Wir müssen uns der Pflicht gegenüber unserem Volk beugen." Die Mutter tröstete die Tochter: „Eine gefühlvolle Liebe ist gut für junge Leute. Wie es dir ergeht, so erging es mir auch einmal. Und mit deinem Liebsten bleiben dir noch sechs Tage. Aber zu deiner Hochzeit erscheine hocherhobenen Hauptes."

Die verzweifelte Joan und ihr Liebster gelobten ewige Liebe und Treue. Sie waren wirklich noch sehr jung.

Die letzten glücklichen Tage für die Verliebten waren zu Ende. Es war lange nach Mitternacht, als Joan mit einem großen Bündel das Hauptgebäude leise verließ. Sie schlich zu ihrem Liebsten, der gerade seine Sachen packte. Ruhig bestimmte sie: „Wir gehen zusammen, bevor Hume mit seinem Gefolge eintrifft." „Ich kann dich nicht mitnehmen. Ich habe kein Heim, kein Geld, bin immer unterwegs. Du trägst einen Titel, der dich verpflichtet." „All dies zählt nicht. Ich liebe dich", antwortete Joan, „ich gehöre zu dir, möchte alles mit dir teilen."

Lange schaute er in ihr schmales, entschlossenes Gesicht. „So sehr liebst du mich", murmelte er betrof-

fen, „auch wenn wir in Gefangenschaft geraten, vom Tod bedroht werden?" Unter dem kleinen Kreuz an der Wand knieten die Verliebten nieder, tauschten Ringe aus, schworen, daß sie immer einander gehörten.

„Nun eile, mein lieber Mann. Ich habe den Torschlüssel, draußen warten zwei Pferde." Sie traten in den Hof: Hörnerschall dröhnte durch die Morgendämmerung. Viele aufgeregte Menschen huschten hin und her. Zu spät! An eine Flucht war jetzt nicht mehr zu denken.

Die Burgtore wurden geöffnet, unter Trompetenklängen marschierte die lustige Hochzeitsgesellschaft von Amesbridge ein. „Joan, gib mir deine Hand. Wir werden dem Schicksal tapfer entgegentreten.“ Gastgeber und Gäste traten aufeinander zu, sich zu begrüßen. Die jungen Verliebten traten zwischen sie. Die Gäste jubelten: „Hoch lebe Hume!“ Joan wurde bleich. „Du bist Hume von Amesbridge? Warum hast du dieses grausame Theater mit mir gespielt?“ „Weil man mich zwingen wollte, ein Mädchen zu heiraten, das ich nie gesehen hatte. Und so kam ich verkleidet hierher, um das Mädchen kennenzulernen.“ „Du hast mit meinem Herzen gespielt. Mit einem üblen Trick hast du mich in dich verliebt gemacht. Ich werde dich nie heiraten!“ schrie Joan erregt. Der verwirrte Hume rief ihr nach: „Aber wir sind schon verheiratet.“ „Du verstehst noch nicht viel von den Frauen, mein Sohn“, meinte der alte Graf von Rutherford, kopfschüttelnd murmelte er: „Oh, diese Frauen.“

Zum großen Empfang erschien Joan zwar, aber gegenüber Hume war sie kalt wie Eis. Schließlich verlor er die Geduld. „Gut", brüllte er, „als einfacher Knappe habe ich um dich geworben – und dich gewonnen. Ich verzichte auf meinen Titel. Ich werde ein einfacher Knappe. Gefällt dir das?" „Ja, mein dummer Liebling. Und ich werde mit dir reiten." Hume seufzte: „Gut, ich werde Sir Gawains Knappe." Gawain fuhr erschrocken auf. „Nein! Tausendmal nein! Es ist schon schlimm genug, mit Prinz Eisenherz zu reiten. Wenn sich dazu noch ein liebeskranker Bursche und eine schmachtende Braut gesellen, werde ich verrückt." Von allen Seiten wurde Gawain bedrängt, einzuwilligen. Die Gräfin überzeugte ihn schließlich: „Die Hochzeit wird eine Woche dauern, wir werden tanzen und uns amüsieren, die schönsten Damen des ganzen Landes werden anwesend sein."

Die fröhliche Woche ging zu Ende. Das Unheil für Gawain kam näher. „Abenteuerlustig ritten wir bisher durch die Lande, sorgenfrei und fröhlich. Ich bin doch ein Ritter, kein Kindermädchen.“ „Reg dich nicht auf“, besänftigte ihn Eisenherz, „diese kleinen Probleme können mit Intelligenz gelöst werden.“

Prinz Eisenherz sprach bei Gräfin und Graf von Rutherford vor, schilderte Joans Eltern von weglosen Wäldern und windigen Hochländern, von stürmischen Regennächten und den Überfällen der Gesetzlosen. „Ach“, stöhnte Joans Mutter, „wenn ich nur daran denke, daß unsere kleine Tochter mit diesen Wilden reisen muß. Sie wird eine Zofe mitnehmen, einen Koch, ein Zelt. Wir können einige bewaffnete Männer am Hofe entbehren . . .“

Bevor es dämmerte, hatten Eisenherz und Gawain ihre Pferde gesattelt. „Hume!“ brüllte Gawain, „wo bist du?“ Ein verschlafener Hume, eine gähnende Joan öffneten ein Fenster. Über den Hof galoppierend, rief Gawain: „Was hast du die ganze Zeit gemacht? Folge uns entlang der Küste. Beeil dich!“ Zwei Stunden später verließ Hume, Händchen haltend mit Joan, die Burg, gefolgt von Bewaffneten und einer Karawane, die eine kleine Armee hätte versorgen können.

Als die beiden Ritter für die kommende Nacht rasteten, frohlockte Gawain: „Großartig! Kalter Regen, schlammiger Boden. Meinst du, mein Knappe wird noch kommen?“ Kurz vor Mitternacht erreichte Hume mit seiner Frau das Lager. „Entschuldigt unsere Verspätung. Unsere Begleiter mußten wir mit dem Gepäck zurücklassen, in Regen und Dunkelheit kamen sie nicht weiter voran.“ „Das ist nicht schlimm“, meinte Gawain freudig, „Hume, besorge uns noch etwas Holz fürs Feuer, dann sucht euch ein bequemes Plätzchen zum Schlafen.“ Als Hume Gawains Knappe wurde, hatte Joan von Reisen zu fernen Palästen und prunkvollen Königsschlössern geträumt. Im kalten Schlamm sitzend, schwanden ihre Träume. Einige Meilen zurück – ein warmes Zelt, Kissen, trockene Kleider, eine Zofe und ein Koch. Sie entbehrte alles, was sie gewöhnt war. Alles, was sie hatte, waren Hume und kalte Füße.

Ein schöner Morgen brach an. Gawain befahl: „Knappe, nimm eine Bürste und striegele mein Pferd.“ Joan hob eine Bürste auf, ihrem Mann zu helfen.

Prinz Eisenherz wollte sein Pferd striegeln, vergebens suchte er seine Bürste. So nahm er unbemerkt ein Hemd Gawains, näherte sich Arwak – und erschrak. Joan hatte sich schon an die Arbeit gemacht. Das wilde und stolze Tier hätte nach einem Stallburschen ausgeschlagen, einen Wolf niedergetrampelt. Aber dieses zarte Wesen glich eher einem Hasen – also hielt Arwak still. Der schreckensbleiche Eisenherz zog sich zurück. Hume mußte nur noch Gawains Pferd satteln, Joans Pferd, sein eigenes. Müde schaute er seine Frau an. Dieses kleine Biest hatte ihm das alles eingebrockt. Wieder fing es an zu regnen. „Können wir auf den Troß warten? Ich möchte trockene Kleider und . . .“ „Warum Zeit vergeuden?“ lachte Gawain, „heute abend werden wir in Camelot sein.“ Während ihr der kalte Regen durch die Kleider drang, hielt nur ein Gedanke sie aufrecht: endlich Camelot kennenzulernen.

Dann sahen sie in der Ferne die Türme von Camelot, erreichten schließlich König Arthurs Schloß. Sir Gawain und Prinz Eisenherz betraten die große Halle, in der sie begeistert empfangen wurden. Hume mußte die Pferde versorgen. Ihr ganzes Leben hatte Joan vom fernhin leuchtenden Camelot geträumt. Nun war sie endlich hier, aber als Frau eines einfachen Knappen würde sie kaum mehr sehen als die Ställe, den Hof, die einfachen Zimmer der Bediensteten.

Am nächsten Morgen begleitete Aleta ihren Mann und Gawain zu den Pferden. Gawains Knappe arbeitete fleißig, seine Frau half ihm. Aleta war

überrascht, betrachtete neugierig das Mädchen, sah, daß diese junge Dame zwei Tage im Regen geritten war und in ihren nassen Kleidern geschlafen hatte. Sie fragte: ,,Warum beschäftigt der tapfere Gawain ein Mädchen als Knappe?" Doch Gawain grinste nur. Auch Prinz Eisenherz schwieg lächelnd. Joan, die wie ein verwahrlostes Kind aussah, blickte verwirrt von einem zum andern. Aleta führte Joan ins Schloß, versprach ihr ein heißes Bad, trockene Kleider. Und sie brauchte nicht lange gespannt auf die Geschichte zu warten. Joans Worte sprudelten nur so dahin.

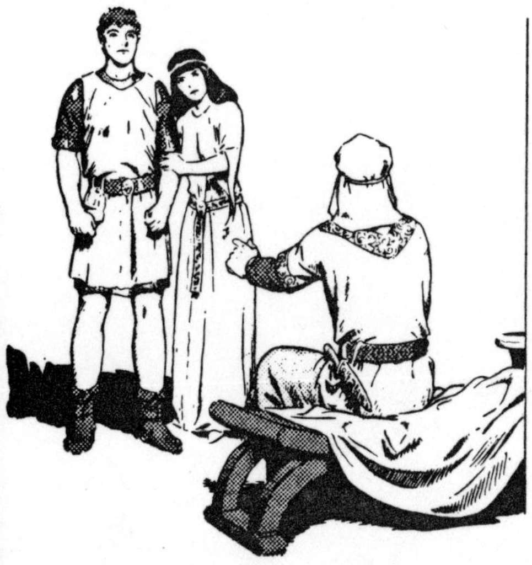

Joans Geschichte drang durch die Mauern des Schlosses, erreichte auch König Arthurs Ohr. Doch der König amüsierte sich nicht. Er befahl das Mädchen zu sich. ,,Ach, diese jungen Leute und ihre empfindlichen Flausen. Schickt mir den Knappen Hume her!“ Ihn fragte der König: ,,Hast du schriftlich auf deinen Titel verzichtet?“ ,,Nein, aber ich stehe zu meinem Wort.“ Der König grübelte, lächelte weise und verkündete: ,,Nun denn, euer ältester Sohn wird Erbe der Ländereien und des Titels. Geht jetzt nach Hause und betet, daß dies bald geschehen möge.“ Beim Abschied flüsterte Aleta Joan zu: ,,Die Männer nehmen ihre Angelegenheiten viel zu ernst.“

Für Prinz Eisenherz und seine Familie begann eine glückliche Zeit. Mit seiner Frau ritt er durch die Wälder und Auen. Zusammen mit den Zwillingen gingen sie zum Picknick. König Arthur mußte die sorglosen Wochen beenden. Zu Prinz Eisenherz sprach er: „Ich habe einen Brief von Lord Lithway erhalten. Er meldet, daß Gesetzlose die Wälder unsicher machen und die Abgaben rauben. Nehmt so viele Männer, wie Ihr braucht, und klärt diesen Fall." „Ich brauche nur einen Mann, Majestät. Hugh, den Fuchs." „Was? Diesen schamlosen Schurken, der in den königlichen Wäldern lebt, sich wie ein König des

Waldes aufführt? Gut, ihr beiden Gauner versteht euch."

Eisenherz und Aleta ritten tief in den Wald. Als ein Pfeil dicht an seinem Kopf vorbei in einen Baum schlug, rief Eisenherz: „Sagt Hugh, dem Fuchs, daß Königin Aleta ihn zum Mittagessen erwartet!" Kein Laut war zu hören, keine Bewegung zu sehen. Zwei Stunden später erschien Hugh. „Ich hoffe, daß ich nicht zu spät komme." Nach dem Mahl erzählte Eisenherz von seinem Auftrag. „Sind es Gesetzlose oder Männer, die die Freiheit suchen? Hugh, kommst du mit?"

Hugh blies in sein Horn, lautlos kamen seine Männer aus dem Wald. „Bringt mein Pferd, meine Waffen! Calwyn, du übernimmst die Führung, bis ich wiederkomme.“ Am Abend verabschiedete sich Prinz Eisenherz von Aleta. Dann verschwanden die zwei Männer in der Nacht. Viele Tage ritten sie durch die finsteren Wälder gen Norden. Als sie sich Lithway näherten, waren sie äußerst wachsam. „Prinz Eisenherz, dieses Blattwerk da oben sieht unnatürlich aus.“ Als sich die Lanzenspitze hineinbohrte, ertönte ein Schmerzensschrei, zwei Männer fielen vom Baum, in den Händen Netze haltend. Doch von allen Seiten warfen jetzt Männer schwere Netze so geschickt, daß Eisenherz und Hugh keine Gelegenheit hatten, zu den Waffen zu greifen. Gefesselt wurden sie in ein Lager geschleppt. Eisenherz war erschrocken über den Haß, der ihm entgegenschlug: „Unterdrücker! Ausbeuter der Armen! Sklavenschinder! Räuber! Folterknecht! Mörder!“ Still fragte er sich nach dem Grund dieses hemmungslosen Hasses.

Einer, der die glitzernden Juwelen und das glänzende Gold am Singenden Schwert gierig abgeschätzt hatte, zog die Waffe aus der Scheide. Prinz Eisenherz herrschte ihn zornig an: „Laß die Klinge stecken!“ Aber mit einem Schwung flog das große Schwert aus der schützenden Hülle, traf einen der Gesetzlosen ins Gesicht. Der riß vor Schreck und Schmerz seinen Arm hoch, stieß die Waffe seinem Nachbarn in den Arm. „Du Narr“, schrie Prinz Eisenherz wütend, „du hältst ein Zauberschwert in den Händen. Es ist das Singende Schwert, das Gegen-

stück zu König Arthurs berühmtem Schwert Excalibur. Lies die Schrift!“ Doch niemand unter den Gesetzlosen war des Lesens kundig. Die wilden Männer beschlossen, die Rückkehr ihres Anführers abzuwarten.

Endlich traf der Anführer ein. Ein großer grauhaariger Mann, dem die rechte Hand fehlte. Seine Männer berichteten ihm aufgeregt von der Gefangennahme eines vornehmen Ritters und seines Begleiters. Sie zeigten ihm das Singende Schwert.

Prinz Eisenherz wunderte sich über die Gestalt des Anführers. Trotz des grimmigen Gehabes strahlte er eine große Würde aus. Welches Geheimnis umwitterte diesen Mann?

„Ich bin Hugh der Fuchs. Auch ich war ein Anführer von Gesetzlosen und Geächteten. Unsere Sache war gerecht. Und zu unserem Schutz wurde einst das Singende Schwert gezogen. Heute sind wir freie Männer des Waldes, denen Gerechtigkeit widerfuhr."

„Gerechtigkeit", brummte der Alte. „Gerechtigkeit ist der Vorteil der Reichen und Mächtigen. Gerechtigkeit ist die Strafe für das Volk. Wir kennen die Gerechtigkeit des Lord Lithway. Der jagt uns zu seinem Zeitvertreib wie wilde Tiere. Ich zeige euch die Gerechtigkeit unserer Obrigkeit." Der Alte rief Verstümmelte und Geschundene herbei. Manche wußten nicht, weshalb sie verurteilt worden waren, andere hatten protestiert, als der Lord sie von ihrem Ackerland vertrieben hatte.

„Ihr werdet verdächtigt, die Truhe mit den Abgaben von Lithway, die dem König zugedacht waren, gestohlen zu haben", warf Prinz Eisenherz ein. „Tag und Nacht bewachen wir die Straßen – zu unserer eigenen Sicherheit", erwiderte der Alte, „eine Truhe wurde nie befördert." „Wir sollten dem Lord einen Besuch abstatten", bemerkte grimmig Eisenherz zu Hugh. Die beiden wurden freigelassen, erhielten ihre Waffen zurück; Geächtete wiesen ihnen den Weg zur Burg des Lord von Lithway.

Prinz Eisenherz und Hugh hatten sich von ihren Führern verabschiedet. Die beiden Freunde ritten in den Burghof ein. Der Lord von Lithway war ein großer und kräftiger Mann, er hieß den Prinzen überschwenglich willkommen, lachte lauthals über seine eigenen Späße. Und wenn er lachte, lachten alle mit. Wenn auch mit ziemlich verkrampften Gesichtern.

„Prinz Eisenherz, darf ich Euch meinen Freund und Nachbarn, Sir Holwig, vorstellen. Er schickt jetzt seine Abgaben an den König. Er persönlich wird dafür sorgen, daß seine Truhe sicher das Versteck der Gesetzlosen passieren wird. Ich selbst hatte ja kein Glück. Meine Gelder für den König wurden von diesen blutdürstigen Schurken im Wald gestohlen."

Mit Unschuldsmine seufzte der Lord tief auf. Prinz Eisenherz erklärte: „Ich bin hier im Auftrage des Königs, diese Angelegenheit zu klären. Ich kann Eure Truhe, Sir Holwig, dem König mitnehmen." „Oh, nein, ich kann die schwere Verantwortung nicht auf Euch abwälzen." Sir Holwig blickte pfiffig drein, es schien, als wäre ihm gerade eine Idee gekommen: Wenn der Lord den König betrogen hatte, warum sollte er es nicht auch versuchen?

Prinz Eisenherz und Hugh beobachteten, wie Holwig noch vor Sonnenaufgang die Burg verließ. Er schien es eilig zu haben, des Königs Geld abzuliefern. Zwanzig Bewaffnete, zu viele, um von den Geächteten angegriffen zu werden, bewachten die Truhe. Noch nicht Mittag, und Holwig kehrte brüllend in die Burg zurück – von nur zehn Männern begleitet. Holwig berichtete, wie er und seine Männer tapfer gegen die Verbrecher gekämpft hatten, wie er durch die Übermacht der Bande zehn Krieger verloren hatte. Prinz Eisenherz sah aber keine Verletzung an Holwigs Männern, keine Blutspuren an deren tadelloser Kleidung. „Jetzt wißt Ihr es. Prinz Eisenherz!" schrie der Lord, „reitet zu-

rück, eilt Euch, bittet den König um Truppen, die ich dann anführen werde. Alle Verbrecher müssen hängen."

„Mein Pferd braucht Bewegung", flüsterte Hugh lächelnd.

Er ritt in den Wald. Bald zeigte sich ein Kundschafter der Geächteten. Hugh fragte: „Nahm Holwig mit zwanzig Männern diesen Weg?" Der Mann im Baum lachte. „Nein, Holwig und zehn Männer saßen hier im Gras. Aber zehn andere ritten in Richtung von Holwigs Gut, und sie schleppten eine Truhe mit sich."

Hugh, wieder in der Burg, berichtete dem Prinzen. Eisenherz hatte nun die Gewißheit, daß der Lord von Lithway und Sir Holwig die dem König bestimmten Abgaben unterschlagen hatten. Die Gesetzlosen waren unschuldig. ,,Aber", sagte Eisenherz, ,,König Arthur wird erst handeln, wenn wir Beweise haben. Wir müssen die Truhe finden. Laß uns erst in den großen Saal gehen, wir sind zum Gerichtstag eingeladen. Lord von Lithway will seine Gerechtigkeit zeigen." In bester Laune saß der Lord zu Gericht. Er verspottete die Zeugen, und er brüllte vor Lachen, wenn die verurteilten Opfer weinend abgeführt wurden. Er sann, wie das Ungeheuer in Menschengestalt, wie der Lord von Lithway seiner gerechten Strafe zugeführt werden konnte.

Mitternacht. Prinz Eisenherz grübelte, wie er die Burg durchsuchen könnte, Beweise zu finden. Er blickte aus dem Fenster, sah die Wachablösung. Die Tore zur Zugbrücke und zur Waffenkammer waren offen, versperrten den Zugang zum Burghof. Eisenherz ging lächelnd zu Bett.

Prinz Eisenherz und Hugh gaben vor, zu einem kleinen Jagdausflug auszureiten. Des Prinzen Plan war gefährlich, doch die Gesetzlosen wollten wieder frei sein, dürsteten nach wahrer Gerechtigkeit. Sie stimmten alle dem Plan zu.

Eine Glocke läutete zwölfmal. Wieder war es Mitternacht. Zur Wachablösung öffneten sich die Tore. Hugh warf eine Fackel in das Stroh der Scheune, rief laut über den Hof: „Feuer!“ Die Verwirrung war groß. Die Verfemten huschten leise durch die Tore, in die Waffenkammer, rüsteten sich aus. Die Wachen hatten ihre Waffen niedergelegt, um das Feuer zu löschen. In kurzer Zeit beherrschten die Gesetzlosen die Burg. Jetzt suchten sie den Herren von Lithway, Rache zu nehmen. Eisenherz stellte sich vor den wimmernden Lord. „Er unterliegt der Gerechtigkeit des Königs.“ Drohend glänzte das Singende Schwert.

Prinz Eisenherz und Hugh bewachten während der ganzen Nacht den jammernden Lord. Die Burg hallte wider von den Rufen der Geächteten, die die Gefangenen befreiten, am Eigentum des Tyrannen Rache nahmen. Am Morgen war die Wut verraucht. Prinz Eisenherz rief alle zusammen. „Ihr seid Geächtete. Nur König Arthur kann den Bann aufheben. Morgen reiten wir nach Camelot. Vertraut auf König Arthurs Gerechtigkeit!"

In der Schatzkammer wurde die Truhe mit den Abgaben gefunden. „Wir müssen noch die Truhe finden, die Holwig unterschlagen hat. Wie kommen wir in seine Burg?" Der alte Anführer wußte Rat. „Sobald wir nach Camelot aufbrechen, ist diese Burg hier unbewacht. Wie ich Holwig kenne, wird er sie einnehmen und plündern. Dann wird seine Burg kaum bewacht sein."

Prinz Eisenherz verließ mit den Geächteten und den Gefangenen die Burg von Lithway, ein Späher beobachtete Holwigs Festung. Er sah, wie Holwig mit seinen Männern die Burg verließ!

Die Festung von Holwig war mit ihren hohen Palisaden und dem tiefen Graben leicht zu verteidigen. Die wenigen Wachen fühlten sich sicher. Sie beachteten nicht die beiden Ochsenkarren, die durchs Tor fuhren, sie beachteten nur argwöhnisch die Reitergruppe in der Ferne. Noch bevor das Tor wieder geschlossen war, sprang Eisenherz mit seinen Bewaffneten von den Fuhrwerken, drängte die Verteidiger zurück. Eine Eichentür und eine eisenbeschlagene Kiste wurden zertrümmert, dann hielt Eisenherz auch die Truhe in den Händen, die angeblich von den Geächteten gestohlen worden war. Als später Holwig zurückgekehrt war, wußte er, daß er bald des Königs Urteil zu erwarten hatte.

Voller Zuversicht war der Lord von Lithway nach Camelot geritten. Seine Bewacher hielt er für seine Ehrengarde. Stolz trat er vor König Arthur hin. Prinz Eisenherz trat vor, die Anklage zu vertreten. Er wies auf die Verstümmelten. ,,Lord, das sind die unschuldigen Opfer Eurer Gerichtsbarkeit. Ihr habt sie ihres Landes beraubt, habt sie geächtet, um sie rechtlos zu machen. Selbst bei geringen Vergehen habt Ihr brutal gestraft, gefoltert und verstümmelt. Lord, Ihr seid ein Scheusal in Menschengestalt. Eure Opfer sind hier, sie klagen Euch an!" ,,Das sind gemeine Verbrecher!" brüllte der Lord. ,,Verfemte und Geächtete. Ich habe nur meine Pflicht erfüllt. Ich mußte ihren Besitz beschlagnahmen und sie bestrafen. Majestät, sie haben sogar die Gelder gestohlen, die Euch zustanden . . ." Seine Stimme wurde leiser, sein Gesicht bleich. Prinz Eisenherz holte die Truhe hervor, die er unter seinem Umhang versteckt hatte. ,,Diese Truhe mit den unterschlagenen Abgaben wurde in Anwesenheit von Zeugen in der Schatzkammer von Lithway gefunden." Voller Abscheu betrachtete König Arthur seinen ungetreuen Gefolgsmann. ,,Du kannst gehen", sagte er. Erleichtert schaute sich der Lord um. Dann brüllte er wieder los: ,,Ich verlange Gerechtigkeit. Die von mir Bestraften waren keine freien Menschen, es waren nur Leibeigene. Das einzige Verbrechen war meine Gefangennahme. Und die Zerstörung meiner Burg." ,,Lithway wird wieder aufgebaut", bestimmte der König, ,,aber du wirst nicht dorthin zurückkehren. Ich verbanne dich. Du kannst gehen."

Noch viele Jahre später sollten Reisende berichten, daß ein verkommener Vagabund große Belohnung jedem versprach, der sich ihm im Kampf gegen König Arthur anschließen wollte.

Prinz Eisenherz wollte jetzt endlich seine Aleta wiedersehen, sie in die Arme nehmen . . . Da liefen ihm Gawain und Claudius in den Weg. Andere Freunde gesellten sich zu ihnen.

Aleta hatte von Eisenherz' Rückkehr erfahren, sie zog ihr schönstes Kleid an, sie freute sich, in seine verliebten Augen blicken zu können, ihr Herz klopfte wild. Sie wartete. Die Stunden vergingen, und sie wartete. Der Tag war fast vorüber, als Eisen-

herz die fröhliche Runde der Freunde verließ. Er wunderte sich über die Mauern, die schwankten und auf ihn zutorkelten. „Ein Zaubertrick des alten Merlin", murmelte er. Dann stand er, an die wankende Wand gelehnt, Aleta gegenüber. Ein Blick in ihre blitzenden Augen verriet ihm, daß er etwas falsch gemacht haben mußte, ihr Redefluß bestätigte ihn in seiner Annahme. Aleta hatte ihm viel zu sagen (zuviel, um es hier wiedergeben zu können). Dann rauschte sie aus dem Zimmer.

Ein trauriger und ungeliebter Prinz erwachte, begab sich ins Zimmer seiner Frau, versuchte sich und sein Verhalten mit allerlei Gründen zu rechtfertigen. Ach, er verstand nicht viel von Frauen. Er überlegte, ob er sie übers Knie legen oder in die Arme nehmen sollte. Wütend stapfte er aus ihrem Zimmer. Bildete er es sich ein, daß eine Stimme „Feigling!" flüsterte?

In der großen Halle lauschte der König seinen erregten Rittern, die vom Heiligen Gral sprachen. Alle wollten sie dieses geheimnisvolle Gefäß finden, aus dem Jesus beim letzten Abendmahl getrunken hatte, in das nach der Kreuzigung Joseph von Arimathia Jesus' Blut hatte tropfen lassen. Manche Ritter hielten den Gral für einen leuchtenden Stein mit übernatürlichen Zauberkräften. Auf der einsamen Burg Munsalvaesche würde er aufbewahrt. Nur wer auserwählt wäre, könnte den Weg zu dem Wunder finden. Viele Ritter waren ausgezogen, den wundertätigen Gral zu finden, nicht alle waren zurückgekehrt. Merlin hatte einst prophezeit, daß der Gral die Tafelrunde zerstören würde. Der König nahm Prinz Eisenherz beiseite. „Die Ritter sind durch Glaube und Aberglaube verwirrt. Nur Ihr, der Ihr bei Merlin Unterricht hattet, laßt Euch nicht verwirren. Prinz, nur Ihr könntet feststellen, ob es den Gral gibt, wo er ist. Werdet Ihr gehen?" Eisenherz dachte an Aletas kalte Augen, ihre spitze Zunge. „Majestät, ich werde gehen!"

Prinz Eisenherz packte seine Sachen. Aleta trat ins Zimmer. „Mußt du jeden Auftrag annehmen? Kannst du dich nicht deiner Frau und deiner Familie widmen? Ich werde zum König gehen und um deine Entlassung bitten." Aleta wollte sich umwenden, gehen. Eisenherz packte sie kräftig am Arm. „Was machst du da?" fragte sie. „Laß mich los! Vergiß nicht, daß ich eine Königin bin, du bist nur ein Prinz." Und sie schlug auf seine Hand. Ruhig und entschlossen führte Eisenherz seine Frau in einen entlegenen Raum, umfaßte Aleta, küßte sie . . . und mit der gleichen sicheren Entschiedenheit legte er sie übers Knie. „Vergiß nicht, daß du die ver-

wöhnte und launische Frau eines sehr beschäftigten Ritters bist."

Die geschlagene Königin blickte in das harte Antlitz ihres Gatten. Es war das Gesicht eines Mannes, der seine Aufgabe erfüllen mußte. Aleta war nicht zornig.

Sie blickte ihm nach, als er Camelot verließ. Sehnsuchtsvoll seufzte sie: „O du wundervolles Ungeheuer. Bitte, kehre gesund zurück, dann kannst du mich ärgern, soviel und solange du willst."

Einsam ritt Eisenherz dem Heiligen Gral entgegen, hinter sich die Scherben seines Glücks. Wie gerne wäre er umgekehrt, Aleta um Verzeihung zu bitten. Die Pflicht trieb ihn vorwärts. Er durchquerte eine Furt, oben auf der Böschung stand ein grüngekleideter Ritter. „Wer hier durch will, muß mit mir kämpfen! Oder all sein Hab und Gut abliefern." „Wie du willst", murmelte Prinz Eisenherz. Der grüne Ritter gab seinem Pferd die Sporen, legte die Lanze ein, preschte das Ufer herab. Eisenherz schlug mit seiner Lanze die des Gegners beiseite. Das Wasser spritzte auf, der Übermut des Grünen wurde gekühlt. Eisenherz blickte sich nicht um, nahm die alte Römerstraße nach Sarum.

Ein Teil der alten Stadt Sarum lag zwar in Trümmern, aber sie war immer noch ein bedeutendes Zentrum. Hier wurden Waren und Nachrichten aus fernen Landen angeboten. Eisenherz erkundigte sich nach dem Heiligen Gral. Auf dem Marktplatz wies man ihm den Weg zum Stadtarchiv. Dort erzählte der greise Geschichtsschreiber: „Es wird viel über den Kelch erzählt, den Ihr den Gral nennt. Aber es gibt nur eine mündliche Überlieferung. Als die Römer Britannien verließen, nahmen sie alle Aufzeichnungen mit. Vielleicht kann Euch jemand anders helfen. Nördlich von hier stehen die Ruinen von Stonehenge. Dort lebt ein Volk, das vor uralten Zeiten nach Britannien gekommen war. Sie werden sich an die Ankunft der Christen erinnern.“ Zwei Tage umkreiste Eisenherz die düstere Tempelanlage. Er erinnerte sich an diesen Ort, hier hatte er die geheimnisvolle Priesterin getroffen, die ihm geholfen hatte, Arwak zu gewinnen*. Nachts entzündete er ein Feuer, auf daß er gesehen wurde. Am dritten Tage fragte eine Stimme: „Was suchst du hier?“ Die schöne Priesterin trat hinter einem Säulenstein hervor.

** Wer sich nicht erinnert, der lese diese Geschichte in unserem Band 5*

Prinz Eisenherz begrüßte ehrfurchtsvoll die stolze Frau. „Unterrichtet mich über die ersten Christen, die auf dieser Insel landeten, erzählt mir von dem Kelch, den sie mitbrachten. Man hat mir gesagt, daß ich in diesem Druidentempel alles erfahren könne."
„Druidentempel", wiederholte die Pristerin verächtlich, „mein Volk erbaute diesen Tempel tausend Jahre, bevor die Druiden hierherkamen. Wir verehren andere Götter, und die Druiden verfolgten uns, so wie sie später auch ihres Glaubens wegen verfolgt wurden." Die Priesterin liebkoste den Hengst Arwak, sprach weiter: „Wir

sind ein sterbendes Volk. Nur noch wenige Menschen leben hier versteckt. Kehre morgen früh zurück. Ich will versuchen, daß der Alte mit dir sprechen wird." Im Morgengrauen erschien die Frau zwischen den Riesensteinen, führte einen alten Mann, der das gelbe Gewand des Hohepriesters trug. Er schien uralt und schwach zu sein, doch seine Augen waren klar. Lange schaute er den Prinzen an, der unbewaffnet vor ihm stand. Mit fester Stimme sprach der Alte:

„Unser Volk brach aus einem Land auf, das hinter der Ostküste des Mittelmeeres liegt. Jahrhunderte später kamen wir nach Britannien. Doch die alten Götter haben uns verlassen, und vor vierhundert Jahren kamen die ersten Christen. Der Anführer dieser Christen wurde Joseph von Arimathia genannt. Weit hinter den Mendip-Bergen, auf der Insel Avalon bauten sie ihre erste Kirche. Dort bewahrten sie einen heiligen Gegenstand auf. Einige sagen, es war eine Schale, die Jesus bei seinem letzten Mahl benutzt hatte. – Aber erzähle niemandem von unserem Volk. Wir wollen die restli-

chen Tage in Frieden leben.“ Eisenherz versprach es, die versteckten Bogenschützen senkten ihre Waffen.

Prinz Eisenherz ritt nach Westen, über die Mendip-Berge. Er begegnete Sir Tyndal, der ihn furchtsam anflehte: „Kehrt um! Dort drüben, in den alten Grabhöhlen am Düsteren Berg, haust ein Menschenfresser, ein Riese mit Schlangenfüßen und Bärentatzen.“ In dieser Zeit der Verwirrungen war es auch für Eisenherz nicht leicht, immer die Lehren des weisen Zauberers Merlin zu befolgen.

Prinz Eisenherz faßte Mut, näherte sich den Grüften des Düsteren Berges. Überall lagen gebleichte Knochen herum. Da ertönte aus einer Grabeshöhle eine gräßliche Stimme: ,,Verschwinde! Oder ich verfluche dich! Der rechte Arm wird dir verdorren, dein Körper wird schwarz werden. Geh! Geh schnell!" Ein fürchterliches Gesicht zeigte sich. Eisenherz lächelte; er erinnerte sich an das Ungeheuer vom Sinstarwald, das auch eine Maske getragen hatte, um Schrekken zu verbreiten. Er rief wohlgelaunt: ,,Laß die Maskerade, komm heraus – oder soll ich deine Höhle ausräuchern?" Trotzig kroch das Ungeheuer aus seiner Höhle, nahm das falsche Gebiß aus dem Mund und fragte: ,,Wieso kennt Ihr mein Geheimnis?"

Prinz Eisenherz erklärte ihm: ,,Mein Pferd Arwak zeigte keine Furcht, also mußte deine Erscheinung ein Schwindel sein. Außerdem kenne ich ähnliche Tricks." Der Mann schlug seinen Bärenpelz zurück, zeigte um seinem Hals einen eisernen Ring. ,,Ich trage einen Sklavenring. Seit meiner Flucht lebe ich hier, ich habe Angst vor den Häschern, die mich zurückbringen würden. Früher war mein Name Och, ich war ein Sumpfbewohner nahe bei Glastonbury, ich jagte und fischte und war glücklich. Dann kam Timmera der Schreckliche mit seinen Kriegern. Mit Feuer und Schwert trieben sie uns

aus den Sümpfen heraus, verkauften uns als Sklaven an Skoten und Nordmänner. Meine Beine sind verkrüppelt, deshalb sollte ich Timmeras Hofnarr werden. Seinen Wunsch, mich zu verhöhnen und mich auszulachen, ließ er mir Tag für Tag mit der Peitsche sagen. Wahnsinnig vor Schmerz und Wut zerriß ich meine Ketten und floh in die Berge. Ach, niemals werde ich meine Heimat am Fuße des Felsens von Avalon sehen." ,,Avalon!" rief Eisenherz aus. ,,Kannst du mich dorthin führen?"

Sie ritten durch die Mendip-Berge, in der Ferne ragte ein Berg aus dem weiten Sumpfgebiet. „Avalon", sagte Och. Auf Umwegen führte der ehemalige Sklave den Prinzen um den Sumpf. In der Mitte lagen die drei Berge von Avalon: Glastonbury, der Wearyallberg, der große Felsen. Dann schien der Weg zu enden. Och ritt weiter. „Bleib dicht hinter mir. Der kurvenreiche Weg liegt unter dem Wasser, er schützt die Stadt vor Räubern." Sicher erreichten sie Glastonbury, eine Stadt, deren Bewohner friedlich ihrer Arbeit nachgingen. Ein Mönch führte sie auf den Wearyallberg. Stolz zeigte

er auf ein verfallenes Gebäude aus Lehm und Holz. „Die erste christliche Kirche, erbaut vor vier Jahrhunderten von Joseph von Arimathia. Wir wollen um diese Kapelle eine große Kathedrale errichten, ein Kloster soll erbaut werden." Doch vom Heiligen Gral wußte der Mönch außer Legenden nichts zu berichten. Ein Prior aus Rom traf ein, die Bauarbeiten an diesem heiligen Ort und die Gläubigen zu beaufsichtigen. Auch er wußte keine Wahrheiten über den Gral, diese Geschichte interessierte ihn nicht.

Prinz Eisenherz fragte die Mönche, die Eremiten und die Pilger. Er hörte viele Geschichten, unglaubliche Legenden des Glaubens, wundersame Erzählungen vom wundertätigen Gral. Er hörte keine Tatsachen, nach denen er dürstete. Er selbst war zweimal in Jerusalem gewesen, von Nazareth nach Bethlehem gepilgert, hatte im Heiligen Land die heiligen Stätten und Wahrzeichen mit eigenen Augen gesehen. Hier aber traf er nur auf Erzählungen, die sich einander widersprachen. Er kletterte auf den Gipfel des großen Felsens, vor den Ruinen einer alten Kapelle dachte er nach. Er blickte auf, in weiter Ferne, auf der anderen Seite des Sees glitzerte Metall im Sonnenlicht. Das waren Männer unter Waffen! Gefahr! Prinz Eisenherz eilte hinunter in die Stadt Glastonbury, Alarm zu schlagen, falls Räuber in der Nähe waren.

Und sie waren in der Nähe. Schon zu lange hatte Timmera der Schreckliche über das Wasser auf die friedliche Stadt gestarrt. Seine räuberischen Krieger hatten zwei Stadtbewohner gefangen, die unter der furchtbaren Folter das Geheimnis der Unterwasserstraße verraten hatten. Versteckt hinter den Wänden aus Binsen führte Timmera seine Männer über die Straße an die Stadt heran. Den Graben vor der geschlossenen Zugbrücke überbrückten sie mit Baumstämmen, schlichen sich an der Stadtmauer entlang zum ungeschützten Teil von Glastonbury.

Prinz Eisenherz starrte über die Stadtmauer. Alles schien ruhig zu sein. Doch die schwimmenden Baumstämme, die vielen Binsen verstärkten seinen Verdacht. Alarm wurde gegeben, die schlafende Stadt geweckt. Mit wildem Geschrei stürmten Timmeras Krieger die Palisaden. Eisenherz kämpfte besessen, die Städter kämpften wie tapfere Krieger, wie Männer, deren Freiheit auf dem Spiel steht. Bald ließ die Kampfeslust der Eindringlinge nach. Sie hatten auf einen überraschenden Überfall gehofft, auf leichte Beute und viele wehrlose Menschen. Timmeras wilde Horde wurde zurückgedrängt, mußte sich unter starken Verlusten zurückziehen.

Timmera der Schreckliche sah das große blitzende Schwert, von einem Ritter geschwungen, der die Städter anführte. Er beobachtete den Rückzug und die Niederlage seiner Leute. In einem Boot, durch den Sumpf von zwei Hauptleuten gerudert, ließ er seine Krieger im Stich. Die konnten nicht von der Insel im Sumpf fliehen. Sie entdeckten den Bau der Abtei, die Hütten der Mönche und Arbeiter. Wer könnte dem drohenden Unheil Einhalt gebieten, wer die Unschuldigen vor dem Verderben retten?

Die Reise in den Orient

Die wilde Kriegerhorde des schrecklichen Timmera stürmte in den heiligen Bezirk von Avalon. Hier stand die alte kleine Kirche, die Joseph von Arimathia vor 400 Jahren erbaut hatte, in der vor langer Zeit der Heilige Gral aufbewahrt worden war. Hier stand der begonnene Bau der großen Kathedrale. Die ersten Mauern ragten schon gen Himmel, hohe Gerüste zeugten vom Fleiß der Maurer und Mönche.

Laut schreiend stürzte die Soldateska heran. Zerstörungswut trieb sie vorwärts. Der Lärm weckte den römischen Prior. Er sah die Abtei in Gefahr, sein Lebenswerk bedroht. Mit lauter Stimme befahl er den Arbeitern und Mönchen, sich zu wehren. Einige der jüngeren Brüder schickte er los, die Einsiedler und Pilger zu holen. Und sie kamen. Sie liefen, humpelten, krochen herbei, sie bewaffneten sich mit Knüppeln, Stangen, Sensen, mit allem, was sie greifen und finden konnten.

Endlich traf auch Prinz Eisenherz aus der nahen Stadt ein, die er zusammen mit den Bürgern gegen Timmera und seine Krieger erfolgreich verteidigt hatte.

Die Abtei stand in Flammen. Vor dem hell lodernden Feuer stand der Prior au einer Mauer, wehrte sich mit bloßen Händen gegen den wütenden Angriff de Meute. Ihm zur Seite standen die tapferen Mönche und Maurer, die sich und ih Bauwerk verbissen verteidigten. Prinz Eisenherz, sein Singendes Schwert un der ehemalige Sklave Och halfen den frommen Männern gegen die große Über macht der Angreifer.

Gegen Abend waren Timmeras freche und frevelhafte Männer zum zweiten mal geschlagen und in die Flucht gejagt. Die Abtei war nur noch ein rauchende Trümmerhaufen. Das Lebenswerk des Priors war zu seiner letzten Ruhestätt geworden. Aber wie durch ein Wunder war die kleine alte Lehmkirche heil ge blieben.

„Sir Eisenherz, unsere Arbeit ist wohl noch nicht vollendet", sagte Och müde. „Timmera ist nicht unter den Erschlagenen. Im Namen der Gerechtigkeit müßt Ihr ihn zur Strecke bringen. Ich trage seinen eisernen Ring um den Hals. Nach dem Gesetz bleibe ich sein Sklave, bis Timmera den Ring entfernt – oder ich ihn töte."

Prinz Eisenherz und Och verließen das sagenhafte Avalon, ließen die grausigen Spuren des Kampfes hinter sich, durchquerten den Sumpfsee. In weitem Bogen ritten sie um die Insel, endlich fanden sie die Spuren von Timmera dem Schrecklichen und seinen Begleitern. Sie folgten den Spuren und erkannten, daß Timmera die Höhen erreichen wollte, um von dort zu seiner Festung am Kanal von Bristol zu gelangen. Timmera bemerkte seine Verfolger. Gern gab er seine Beute nicht auf, doch er mußte fliehen. Der rote Hengst seines Verfolgers war unermüdlich. Zuerst wurde der eine, dann der andere von Timmeras Hauptleuten geschlagen.

Timmera ritt voller Furcht in die Dämmerung. Flucht und Verfolgung wurden zu einem harten Wettkampf zwischen zwei außergewöhnlichen Pferden.

Arwak donnerte hinter Timmera her. Doch in der Dunkelheit verfehlte Eisenherz den Verfolgten, verlor seinen Feind. Er stieg ab, gönnte Arwak eine Ruhepause, lauschte in die Nacht hinein. Aber jedes Geräusch wurde durch den Regen und einen nahen Wasserfall übertönt. Eisenherz mußte seine Ungeduld zügeln, den schrecklichen Timmera seiner gerechten Strafe zuzuführen.

Es wurde Morgen. Von weit oben rollte plötzlich ein Stein zu Tal. Eisenherz wurde hellwach, saß auf, ritt zügig den Berg hinan. Über dem dichten Nebel entdeckte er Timmera. Eisenherz ritt weiter. Timmera, von Panik geschüttelt, gab seinem Pferd die Sporen. Er verschwand im Nebel. Ein wilder Schrei gellte durch die Stille.

Eisenherz stieg vom Pferd. Der Morgenwind zerriß den Nebel, die Sonne leuchtete auf. Der Prinz stand am äußersten Rand der Schlucht von Cheddar. Weit unten hatte Timmera sein Ende gefunden.

Och ritt heran, spähte in die Tiefe. ,,Frei! Endlich frei! Der Mann, der mich zum Sklaven machte, ist endlich tot!" ,,Nicht so schnell, mein Freund!" sagte Prinz Eisenherz, ,,dem Sieger gehört die Beute." Entsetzt starrte Och in das unbewegte Gesicht des Prinzen. Auf dem Rückweg trafen die beiden ein paar Pferde, beladen mit Timmeras Beute. Sie trieben die Tiere nach Glastonbury zurück.

Schweren Herzens war Och seinem neuen Herrn Prinz Eisenherz in die Stadt gefolgt. Er hätte fliehen, sich verstecken können – doch Flucht hätte nicht Freiheit bedeutet. Auf dem Marktplatz von Glastonbury stieg Prinz Eisenherz auf den Rand des Brunnens und hielt seine Ansprache. ,,Nie wieder wird Timmera das Land, die Dörfer und Städte verwüsten. Ich bringe euch seine Pferde, beladen mit der Beute aus seinem letzten Überfall. Das alles gehört euch. Ich beanspruche nur den Sklaven Och!"

Prinz Eisenherz befahl einen Schmied herbei. ,,Entferne den Sklavenring! Alle sollen wissen: Och ist für alle Zeiten ein freier Mann!" Er wartete auf den Beifall der Menge, verbeugte sich artig und – rutschte aus.

Och wäre zwar gern in seine Sumpfheimat zurückgekehrt. Aber mußte er nicht seinem durchweichten Retter helfen? Prinz Eisenherz war niedergedrückter Stimmung. ,,Bald werden die Leute vergessen, was ich für sie getan habe. Doch sie werden sich immer an den Angeber erinnern, der in den Brunnen fiel."

Prinz Eisenherz ließ sich von Och von den Schätzen erzählen, die in Timmeras Burg lagerten. „Sie gehören dem, der sie sich holt! Und die Gelegenheit ist günstig, nur wenige Männer bewachen die Festung.“ Eisenherz hatte keine Zeit, sich abzutrocknen. Er eilte ins Rathaus. „Wir haben Timmeras Pferde und Waffen. Mit einer Schar tapferer Männer kann ich die Festung nehmen und so viel erbeuten, daß die Abtei in Avalon wieder aufgebaut werden kann.“ Och führte wenige Tage danach den Prinzen und die bewaffneten Städter am Steinernen Löwen, der den Eingang zur Cheddar-Schlucht bewachte, vorbei zum Bristol-Kanal. Auf einer Insel lag Timmeras Burg, von nur wenigen Kriegern gut zu verteidigen.

Prinz Eisenherz betrachtete seine Männer. Er hatte eine Idee. ,,Och, werden dich die Wachen erkennen?" ,,Ja, Herr! Wer kann schon ein mißgestaltetes Wesen wie mich vergessen?" Den Männern befahl Eisenherz, sich bis zum Morgengrauen zu verstecken. Den gefesselten Och brachte er zur Festung, in der er einstmals zu Timmeras Vergnügen entsetzlich gefoltert worden war. ,,Macht auf, Leute!" brülle Eisenherz, ,,ich bringe einen entflohenen Sklaven zurück. Und ich will auf Timmera warten." ,,Dann geht's unserem Herrn gut?" fragten

die Wachen, ,,wir hörten Gerüchte über seine Mißerfolge." ,,Seit wann hört ihr auf Altweibergeschwätz? Timmera ist dort, wo er hingehört! Jetzt will ich essen. Und füttert den Sklaven gut, damit Timmera seine Freude an ihm hat." Eisenherz konnte verhindern, daß Och in den Kerker geworfen wurde; schließlich wollte er ihn persönlich seinem Herrn abliefern. Es dämmerte, als Eisenherz und Och schemenhafte Gestalten vor ihrem Fenster sahen. ,,Öffnet die Tore!" befahl Eisenherz, ,,Timmera kehrt zurück. Beeilt euch!"

Die Wachen waren mißtrauisch. Von allen Zinnen beobachteten sie die Reiter, die sich im fahlen Licht der Festung näherten. Dann erkannten sie die vertrauten Schilde, die Waffen und die Pferde. Die Tore schwangen weit auf, lachend ritten Eisenherz' Männer in den Hof. Der Sieg wäre ohne Waffengewalt und Blutvergießen gewesen – wenn nicht einer der Wachen Verdacht geschöpft und sein Schwert gezogen hätte. Ein kurzer und erbitterter Kampf entbrannte. Keiner der Schurken konnte vor ein ordentliches Gericht gestellt werden.

Die Schätze, die Timmera während der langen Jahre seiner Schreckens-

herrschaft geraubt und angehäuft hatte, wurden zusammengetragen und auf die Pferde verladen. Och entzündete die Fackel, die den grausigen Ort der Sklaverei und Folter in Brand setzte. Nun war er frei. Jetzt konnte er in seine Heimat zurückkehren.

Prinz Eisenherz führte seine Truppe wieder nach Avalon. Die Männer waren bereit, zu Fuß neben ihren schwerbeladenen Pferden zu gehen. Als sie die zerstörte Abtei erreicht hatten, waren die Handwerker schon mit dem Wiederaufbau beschäftigt.

Prinz Eisenherz hörte eine vertraute, wohlklingende Stimme. Überrascht blickte er auf, rief: „Pater Patrick!“ Ja, es war Patrick, der ihm das Leben gerettet hatte, als der junge Prinz gegen den König MacColm, den Tyrannen von Irland gekämpft hatte*.

Patrick erzählte mit leuchtenden Augen, daß er zum Bischof geweiht worden war. Seine Aufgabe war nun, die Abtei aufzubauen, einen Orden zu gründen und Missionare auszubilden. Prinz Eisenherz war überzeugt, daß dieser edle Mann aus Irland, der ein großer Heiliger werden sollte, den geheimnisvollen Gral kennen müßte.

*Wer diese Geschichte noch einmal erleben will, der lese „Prinz Eisenherz bändigt Rebellen“ im vierten Band unserer großen Ausgabe.

Prinz Eisenherz fragte Patrick nach dem Heiligen Gral. Der fromme Mann stand lange still, riß sich endlich aus seinen Überlegungen. „Komm, laß uns auf diesen Hügel steigen. Dort sind wir allein. Was ich dir zu sagen habe, sollen die anderen nicht hören.“

Vor den Ruinen einer alten Kirche setzten sie sich nieder – dort, von wo Prinz Eisenherz die Vorbereitungen zum Angriff auf Glastonbury entdeckt hatte. „Junger Freund, warum willst du das Geheimnis des Grals wissen?“

Prinz Eisenherz berichtete von den Sorgen König Arthurs. „Seine Ritter brachten Frieden und Gerechtigkeit ins Land, sie bereiteten den Boden für den christlichen Glauben. Aber alle jungen Ritter wollen den Heiligen Gral finden, weihten ihm ihr Leben. Viele kehrten aber niemals wieder; ihr Platz an der Tafelrunde bleibt leer und verlassen.“ Der weise und fromme Patrick sprach zu Prinz Eisenherz:

„Es gibt keinen Beweis, daß es den Gral gibt. Der Gral ist ein Symbol des Glaubens, des Mutes, der Hoffnung. Die Ritter auf der Suche nach dem Gral verbreiten den Glauben – besser als es ein Priester vermöchte. Nun, Prinz Eisenherz, was wirst du dem König berichten?" „Die Wahrheit, ehrwürdiger Patrick. Es ist Aufgabe des Königs, die Ritter zu schützen – und das Symbol zu bewahren."

Schweren Herzens stieg Prinz Eisenherz den Hügel hinab, er mußte dem König ein Problem aufbürden. „Mein Sohn, du bist enttäuscht, weil ich dir nicht mehr vom Gral erzählen kann. Einen Beweis, daß Joseph von Arimathia diese kleine Kirche gebaut, das heilige Gefäß hier aufbewahrt hat, gibt es auch nicht. Zumindest ein Körnchen Wahrheit aber hat jede Legende. Die Legende um den Gral wird wachsen. Der Glaube ist der Beweis, daß sich Gott in einer Weise offenbart, die wir nicht verstehen können", flüsterte Patrick mit leuchtendem Antlitz.

Eisenherz hatte Avalon mit all seinen Geheimnissen hinter sich gelassen, war durch dunkle Wälder und über gefährliche Sumpfgebiete geritten. Als er die königliche Landstraße erreicht hatte, war er ungeschützt dem Wüten von Regen und Wind ausgesetzt – zu beiden Seiten der Straße war gerodet worden, um keinen Raum für hinterlistige Überfälle zu lassen. Eines späten Nachmittags erreichte er eine Burg, die Wärme und Behaglichkeit versprach. Eine Trompete kündete von seinem Kommen. Die Tore öffneten sich, ein schwer bewaffneter Ritter kam drohend näher, die Lanze zum Angriff erhoben. Prinz Eisenherz konnte sich gerade noch bücken, da zersplitterte bereits hinter seinem Rücken die Lanze. Rasch zog er sein Singendes Schwert, da wurde er von hinten schon wieder angegriffen. Er wendete sich um, wehrte den Lanzenstoß ab.

Wieder donnerten die Pferde mit ihren Reitern aneinander vorbei. Prinz Eisenherz riß Arwak herum. Bevor sein Gegner wenden und ihn wieder von hinten angreifen konnte, jagte Eisenherz hinter ihm her. Der unbekannte Ritter, der durch Eisenherz' Manöver seine Lanze nicht mehr benutzen konnte, warf sie weg und zog sein Schwert. Die vielen Übungsstunden der vergangenen Zeit hatten sich gelohnt – Eisenherz und Arwak waren aufeinander eingespielt: Der rote Hengst drängte sich dicht an die rechte Seite des Gegners, Eisenherz teilte kräftige Schwertschläge aus. Sein Feind taumelte, fiel fluchend zu Boden, blieb ruhig liegen. Ein Freudenschrei aus vielen Kehlen tönte von den Burgmauern herüber. Eisenherz blickte erstaunt auf, der Beifall galt ihm.

In der Burg wurde er feierlich begrüßt. Seltsam, hatte er nicht eben erst einen der ihren besiegt und schwer verwundet? Der Haushofmeister trat ihm lächelnd entgegen. „Ich danke Euch, Prinz Eisenherz. Seid herzlich willkommen auf Burg Lowry. Seit vielen Wochen lebten wir hier in Angst und Schrecken. Doch jetzt seid Ihr gekommen, uns Rettung und Befreiung zu bringen." Der Haushofmeister erzählte mit lebhafter Stimme eine abenteuerliche Geschichte. Eisenherz hörte aufmerksam zu.

„Lady Lowry verwaltet seit dem Tod ihres Mannes dieses Lehen. Eines Tages erschien der finstere Hugo ap Dunfel in der Burg. Er verlangte, daß die Lady ihn heirate. So wollte er ihren Besitz erlangen. Doch die Lady lehnte ab. Der böse Hugo gab ihr eine Woche Bedenkzeit. Dann wollte er mit seinen Männern wiederkommen, und sollte die Lady sich noch immer gegen eine Heirat sträuben, so würde er sie und die Burg mit Gewalt nehmen. Die Lady ritt nach Camelot, den König um Hilfe zu bitten. Der gemeine Hugo ap Dunfel machte seine Drohung war und besetzte die Burg. Kein Ritter konnte ihn, der heimtückisch und grausam war, besiegen. Endlich seid Ihr gekommen, Prinz Eisenherz, wir danken Euch!“

Die Sonne war längst aufgegangen, doch Prinz Eisenherz lag noch im Bett. Nach den vielen Nächten im Freien, nur von einem Mantel gegen Kälte und Regen geschützt, genoß er das warme und weiche Bett, in dem er sich räkelte. Irgendwann stand er dann doch auf. Nach einem ausgiebigen Frühstück ging er zu den Ställen, begrüßte seinen Hengst, sah auch nach Hugo ap Dunfel, der dort lag. Das Singende Schwert hatte gute Arbeit geleistet. Der Bösewicht würde wieder genesen, aber nie mehr eine Waffe benutzen können.

Eine Fanfare verkündete die Rückkehr der Lady und ihrer hübschen Töchter aus Camelot. An ihrer Seite

ein Ritter, den Prinz Eisenherz nur zu gut kannte. Dieser rief dem Prinzen drohend zu: „Stellt Euch, ap Dunfel! Kommt heraus und seht Eurem Verderben in die Augen! Ich, Sir Gawain, werde Lady Lowry und ihre schönen Töchter gut verteidigen!"

Langsam öffnete sich das Tor. Gawain zückte mutig die Lanze, rückte rasch den Schild zurecht, ging in Angriffsstellung. „Du kommst wie immer pünktlich zum Essen", wurde der Verdutzte von Eisenherz lachend begrüßt.

„Wenn du hier bist“, erwiderte Gawain den Gruß, „wird wohl nicht mehr viel übriggeblieben sein.“ Und leicht verärgert, denn es schien, als hätte Eisenherz ihm die Schau gestohlen: „Wo ist der Schurke ap Dunfel?“ „Ach, der. Gestern bei meiner Ankunft war er nicht sehr höflich, ich mußte ihn verwarnen. Du findest ihn im Stall.“

In Begleitung von Sir Gawain befanden sich auch seine beiden unermüdlichen treuen Helfer. Peter der Koch, Diener und Knappe und dessen Freund Jex. Jeden Wunsch lasen sie ihrem Herrn von den Augen ab. Als der edle Ritter vom Pferd steigen wollte, eilten die beiden herbei; Peter hielt das Pferd, Jex den Steigbügel. Sie wa-

ren schon sehr geschickt, sie zerrten Gawain vom Pferd, bis er rittlings auf Jex saß, der klaglos seine Schläge hinnahm.

Gawain gewann seine Fassung wieder, schritt stolz zur Burg, erklärte der Lady und ihren Töchtern: „Ich bedaure, meine schönen Damen, daß mein ehemaliger Knappe, Sir Eisenherz, Sie um das Vergnügen gebracht hat, einen hervorragenden Kampf und Sieg miterleben zu dürfen.“ Gawains Lobrede auf sich selbst wurde von einem Diener unterbrochen: „Das Mahl ist aufgetragen!“

Der aufkeimende Mißmut Sir Gawains darüber, daß er nun nicht weiterreden konnte, wurde durch die Aussicht auf ein fürstliches Mahl verdrängt. Seine beiden getreuen Diener ließen es sich nicht nehmen, ihrem Herrn selbst zu servieren. Jex stellt auf seine ungeschickte Art einen Becher Wein neben seinen Herrn, während Peter sich beeilte, Fleisch und Soße Sir Gawain auf den Teller zu geben. Warum nur mußte der edle Ritter plötzlich so laut fluchen? Er stand von der Tafel auf, und während Peter an ihm herumputzte, verneigte Gawain sich. „Edle Damen, Ihr entschuldigt. Dieser unangenehme Zwischenfall zwingt mich, für einen Moment auf Ihre Gesellschaft zu verzichten.“ Mit einem eleganten Schwung schleuderte Sir Gawain seinen Umhang über seine bekleckerte Kleidung.

Der eindrucksvolle Abgang Sir Gawains schien nicht so recht gelungen. Prinz Eisenherz amüsierte sich über das seltsame Gespann Herr und Diener.

Gawain hatte indes einen Stock gefunden, um seinen Dienern die Meinung zu sagen. Er fand sie in seinem Zimmer. Auf ihre unwiderstehliche Art lächelten sie ihn an, luden ihn ein, an einem reichgedeckten Tisch Platz zu nehmen. Peter hob einen Deckel, köstlicher Bratenduft erfüllte den Raum. „Eßt, solange die Speise heiß ist, Herr. Die Strafe kann warten.“ Nach vielen Gängen in Küche und Weinkeller waren Peter und Jex sicher, daß Gawain jetzt eher nach einem Schläfchen zumute war als nach einer Strafaktion.

Hugo ap Dunfel, so verletzt, daß er nie mehr Schwierigkeiten machen konnte, war ein großes Ärgernis. Dem geltenden Gesetz nach hätte er gehenkt werden müssen. Das aber hätte für seine Verwandten eine Herausforderung bedeutet. ,,Wir bringen ihn zu König Arthur", schlug Prinz Eisenherz als Lösung des Problems vor. Sie gingen in den Stall, fanden den bösen Hugo, der für immer Ruhe halten würde. Irgendeine unachtsame Person hatte ihr Messer in ihm stecken lassen. ,,Wer mag das gewesen sein?" fragte Eisenherz. ,,Das kann jeder gewesen sein", sagte versonnen lächelnd einer von Hugos Kriegern. Der Leichnam wurde zur nahegelegenen Burg derer

ap Dunfels gebracht, die Beerdigung war für Hugos Leute ein glücklicher Tag.

Britannien war friedlich geworden. Prinz Eisenherz und Gawain ritten die fünfzig Meilen nach Camelot, ohne ein einziges Mal das Schwert ziehen zu müssen. Eisenherz schaute bang zu den Fenstern hinauf, suchte Aletas geliebtes Gesicht. Seit er die stolze Königin der Nebelinseln übers Knie gelegt hatte, hatte er sie nicht mehr gesehen.

Aleta aber war inzwischen nur noch eine demütige Hausfrau, die sich Gedanken machte, wie sie ihren geliebten Mann wieder für sich gewinnen könnte. Prinz Eisenherz trat schweren Herzens den Weg zu seinem König an. Sein Mantel war schmutzig, in seiner Rüstung waren neue Beulen.

„Meine Suche nach dem Gral ist beendet, Majestät.“ „Tretet ein, nehmt Platz, Prinz Eisenherz“, sagte Arthur. Eisenherz erzählte, schloß seinen Bericht: „Daß es den Heiligen Gral gibt, läßt sich also nicht beweisen. Aber die Legende wächst, und solange wie es den Glauben gibt, solange wird man nach dem Gral, dem Symbol des Glaubens und der Hoffnung, suchen. Was werdet Ihr tun, mein König?“

„Nichts“, antwortete der kluge Arthur, „auch wenn der Gral die Tafelrunde in Gefahr bringt, wir überlassen die Lösung dieses schwierigen Problems höheren Mächten.“

Jetzt stieg Prinz Eisenherz schleppenden Schrittes langsam zu Aletas Räumen hinauf. Sein künftiges Glück lag in ihren kleinen Händen. „Wird sie mir vergeben? Oder mit königlichem Stolz gegenübertreten?" Er überlegte, sich bei ihr zu entschuldigen. „Ich? Nein! Niemals! Ich bin Prinz Eisenherz, ein Ritter, nicht der Sklave einer Frau!" Auch Aleta dachte darüber nach, was sie tun und sagen sollte. Vielleicht demütig, vergebend, aber etwas kühl, um ihn wissen zu lassen, daß seine Art nicht die richtige war, eine Königin zu behandeln. Sie hörte seine Schritte im Flur – dann stand er vor ihr. Ihre einsamen Tage und Nächte waren vorüber, sie wäre gern in seine Arme gestürzt, ihm ihre Liebe zu gestehen. Aber sie konnte sich nicht bewegen, nicht sprechen. Mit verschleierten Augen starrte sie ihn an.

Stumm blickte Prinz Eisenherz seine Frau an, sie bemerkte wohl den Schmerz in seinen Augen. Durch fließende Tränen hindurch sah sie, wie er sich umdrehte, langsam sich von ihr entfernte. Katwin eilte herbei, hielt die schluchzende Königin umfangen. „Nur eine Hand hättet Ihr rechtzeitig ausstrecken müssen, Herrin, und er hätte sich Euch zu Füßen geworfen. Warum nur tatet Ihr das nicht?"

Immer hatte sich Prinz Eisenherz doch durch ihr Lächeln und ihren Augenaufschlag betören lassen. Warum hatte er sich diesmal nur so kühl abgewandt und war gegangen? Sie glaubte jetzt zu wissen, was ihm ihre Liebe bedeutete.

Eisenherz war zutiefst unglücklich. Er sattelte Arwak und preschte schmerzerfüllt gen Osten, die Armee des Königs zu treffen. Seinen Kummer mußte er vergessen. Er suchte Ablenkung im Kampf. Die Armee unter dem Kommando des greisen Sir Bedivere kampierte in den Wäldern.

Es galt, die Sachsen am weiteren Vordringen zu hindern. Als sächsische Plünderer zu ihrem Schiff wollten, kam es zum Gefecht. Eisenherz kämpfte wie besessen.

Als der König sein Heer besuchte, unterbreitete ihm Eisenherz seinen Plan „Majestät, die Angeln und Sachsen kommen im Frühling plündernd an unsere Küsten. Nun wehen die Westwinde, sie beladen ihre Schiffe und wollen heimwärts segeln." Die ausgesandten Späher bestätigten Eisenherz.

Eine große Flotte lag an der Küste. Täglich trafen neue Schiffe ein, die in Spanien, Frankreich, Irland und in anderen Ländern reiche Beute gemacht hatten. Die große Flotte sammelte sich hier, auf günstige Winde wartend. Die Seeräuber vertrieben sich am Strand fröhlich feiernd die Zeit. Prinz Eisenherz, der nur in unruhiger und rastloser Tätigkeit seinen Kummer wegen Aleta vergessen konnte, erwartete ungeduldig des Königs Zusage zu seinem Plan, die ihm endlich auch gewährt wurde.

Die Freunde und Krieger des Königs folgten einem Prinz Eisenherz, den sie so grimmig entschlossen und so hart gar nicht kannten. Es war ein anderer als der gewohnte lustige Prinz.

Plötzlich und überraschend wie ein Wirbelsturm erfolgte der Angriff. Das Ritterheer war eine tödliche Maschine für den unorganisierten Räuberhaufen. Eisenherz raste wie ein Rachegott. Wahnsinnig vor Wut, leidenschaftlich und kampflüstern schwang er das Singende Schwert. Keiner konnte ihm entkommen. Keine Gefahr scheuend, jagte er unaufhörlich von einem Ende des Schlachtfeldes zum anderen. Es dauerte lange, bis das Singende Schwert seinen fürchterlichen Durst gestillt hatte.

Solange noch ein Feind vor ihm stehen konnte, solange kämpfte Prinz Eisenherz. Ein Berserker – verfolgte er zum erstenmal in seinem Leben geschlagene, fliehende Feinde. König Arthur war mit der großen Anzahl erbeuteter Schiffe sehr zufrieden. Eisenherz aber war anderer Meinung. „Einige Schiffe sind entkommen. Sie werden die anderen warnen. Sie müssen daran gehindert werden!“ König Arthur übergab Eisenherz das Kommando über eine ausgewählte Truppe.

Die ganze Nacht war Eisenherz mit seiner Truppe unterwegs. Sie folgten der Linie der Küste. In der Morgendämmerung wurden die Sachsen vom Donner der Pferdehufe geweckt. Verzweifelt versuchten sie, zu den Waffen zu greifen und sich zu erheben. Doch eine rasende Meute warf sie nieder.

Eisenherz führte seine Männer weiter. Ein erfolgreicher Kampf führte zum nächsten Sieg. Aber Eisenherz konnte immer noch keine Ruhe finden. In seinen schrecklichen Träumen erschien die unerreichbare Aleta, in schlaflosen Stunden wurde er von Verzweiflung geschüttelt.

Wieder waren sie auf eine Streitmacht der Sachsen gestoßen. Doch diesmal hatten Eisenherz und seine Männer nicht den Vorteil eines Überraschungsangriffs auf ihrer Seite. Ihre Gegner waren vorbereitet gewesen, hatten sie schon erwartet. Mühsam Meter um Meter vorwärtskämpfend, drängten Eisenherz und seine Männer in das Sachsenlager. Das Ende des erbitterten Streits kam unerwartet. „Zu den Schiffen!" befahl mit lautdröhnender Stimme der Anführer der Sachsen. Die Schiffe lagen schon bereit, in See zu stechen. Die überlebenden Sachsen zogen sich schnell zurück, setzten Segel, ruderten aufs Meer. Es waren die letzten Schiffe mit den letzten Männern, die Eisenherz' grausamem Feldzug entronnen waren. Die Sieger blieben am Strand zurück. Einen hohen Preis hatten sie bezahlt, waren zu schwach für eine Verfolgung. Außerdem fehlte ihnen der Anführer: Eisenherz lag regungslos inmitten der geschlagenen Feinde.

Die Königin der Nebelinseln litt schwere Qualen. Sie mußte sich eingestehen, Eisenherz liebte sie nicht mehr. Wie gut, daß jetzt, wie jedes Jahr sonst auch, eine Abordnung aus ihrer Heimat eintraf, ihr Bericht erstattete. Ihre Heimkehr war dringend erforderlich. Vielleicht könnte sie ihr Leid bei der Führung der Staatsgeschäfte vergessen? Aleta befahl, die Reise in den Südosten vorzubereiten. Die traurigen Tage waren einsam und vergingen allzu langsam, die schlaflosen Nächte waren leer und wollten nicht enden.

Der erste Wagenzug von den Schlachtfeldern traf ein, brachte Beute und Verwundete nach Camelot. Die Heimgekehrten erzählten von der Tollkühnheit Prinz Eisenherz'. „Nur

der Himmel kann ihn beschützen", meinte Sir Hewlitt, „denn der Prinz paßt auf sich nicht auf."

Auch König Arthur kehrte an der Spitze seiner Krieger zurück. Die Sachsen war geschlagen. Trotzdem war Arthur nicht glücklich. Eine schwere Sorge lastete auf seinem Herzen. Sofort, ohne sich der verdienten Ruhe hinzugeben, schickte er nach Aleta. Abgemagert und mit verweinten Augen erschien sie. Ernst sagte der König:

„Eisenherz wurde schwer verwundet. Er ist nicht transportfähig. Ich fürchte um ihn, er hat keinen Lebenswillen mehr.“ „Oh, was soll ich tun, er liebt mich nicht mehr.“ „Reitet zu ihm! Das ist ein Befehl!“ Der weise König war schließlich auch verheiratet und kannte sehr wohl die Auseinandersetzungen zwischen Liebenden, die manchmal nur auf Mißverständnissen beruhen. Schmunzelnd beobachtete er, wie Aleta nach kurzer Zeit mit einigen Kriegern schnell davonritt. Sie strebte dem Lager zu, in dem Eisenherz im Sterben lag. In seinen Fieberträumen erschien immer wieder Aleta. Heiße Tränen tropften auf seine Hand. Das war kein Traum.

„Aleta“, flüsterte Eisenherz, „bist du es wirklich?“ Sie konnte nicht antworten. In der langen Stille erkannten sie beide, daß sie sich immer geliebt hatten und sich ein ganzes Leben lang lieben würden.

Dann trat die zierliche Aleta aus dem Zelt und erteilte Befehle. Alle, Edelleute, Ritter, Diener beeilten sich, alles zur Zufriedenheit der resoluten Königin auszuführen. Sie entfernte die alten Wundverbände, nicht achtend der Proteste des Sir Morgan Todd, des Leibarztes König Arthurs. Sie wusch die Wunden, legte frische Verbände an. Als Frau eines Kriegers hatte sie längst lernen müssen, Verletzungen zu behandeln, Kranke zu ver-

sorgen. Und Prinz Eisenherz lachte wieder, das erste Mal seit dem großen Streit.

Katwin erschien mit den Zwillingen. Das Lager füllte sich mit Lärm und Gelächter. Zusehends genas der kranke Prinz. Die ersten bunten Blätter fielen langsam von den Bäumen zu Boden. Der Sommer neigte sich dem Ende zu.

Inzwischen segelten die Abgesandten der Nebelinseln nach Hause. Sie hatten das Versprechen ihrer Herrscherin, bald wieder ihre Pflichten auf dem Thron zu erfüllen.

Im fernen Thule war Boltar mit seinen Männern dabei, sein tüchtiges Langschiff winterfest zu machen. Da erreichte ihn die Bitte – niemand hätte ihm befehlen können – sein Schiff für eine große Fahrt bereitzuhalten. Am anderen Ufer des Fjords hatte Gundar Harl sein schnelles Segelschiff schon aufgedockt, als er den Befehl erhielt, eine königliche Reisegesellschaft zu übernehmen. König Aguar ließ viele Kisten und Truhen an Bord bringen, die Reisenden sollten Bequemlichkeit und Luxus nicht entbehren.

Über den Paß, der in das Innere des Landes führte, marschierte Garm, der alte Jäger. Sein Ziel war die Burg von Hap Atla, wo Arne am Hofe des befreundeten Königs als Pflegesohn lebte. Garm hatte schon einen langen Weg hinter sich. Endlich stand er am Tor zur Burg, beobachtete, wie im Hof ein Bursche auf seinem Pferd trainierte. „Solche Reitkünste", murmelte der alte Jäger, „das muß Prinz Eisenherz' Sohn sein." „Garm!" rief plötzlich der junge Reiter, als er den Besuch erkannte. Er sprang vom Pferd gerade in die Arme des Alten.

Arne freute sich, den alten Jäger wiederzusehen. Er freute sich auch, bald wieder zu Hause zu sein. Sie traten vor Hap Atla. „Ich bin gekommen, Prinz Arne zu holen. Königin Aleta reist zu den Nebelinseln und wünscht, daß ihr Sohn sie begleitet. Hoheit, mit Eurer Erlaubnis brechen wir gleich auf." Der Abschied fiel Arne nicht leicht. Auch nicht von Frytha, der Tochter des Hauses, diesem lieblichen Biest.

Unterwegs verhielt Arne. „Sag mir, Garm, riecht der Wald nicht stärker? Die Luft ist dünner, das Atmen beschwerlich." „Junger Herr, Ihr habt die Nase eines Jagdhundes. Ein schwerer Sturm zieht auf." Der Himmel wurde grau, ein kalter Wind schüttelte die Bäume. Schnell wurde ein Unterschlupf errichtet, da fielen auch schon die ersten Schneeflocken.

Die Kälte der Nacht war gemildert worden durch ein großes Lagerfeuer. Bei Tagesanbruch erwachten Arne und Garm; sie blickten in eine weiße Welt. Jetzt durften sie keine Zeit verlieren, mußten den Paß überqueren und noch vor Einbruch der Dunkelheit die schützenden Wälder auf der anderen Seite des Gebirges erreichen. Garm bahnte unermüdlich einen Weg durch den tiefen Schnee. Arne, der mit Müdigkeit und Schwäche kämpfte, bat um keine Pause – ein Sohn von Prinz Eisenherz mußte einfach durchhalten. Endlich wurde der Weg zu Tal leicht zu gehen; der eisige Wind, der ihnen in die Kleider blies, hatte den Schnee von den Felsen weggefegt. Auf einem Bauernhof kauften sie zwei Ponies, die sie schnell nach Wikingsholm trugen. Hier, in der trutzigen Burg von Arnes Großvater Aguar, König über ganz Thule, endete die erste Etappe der Reise.

Die Begrüßung zwischen König Aguar und Prinz Arne – zwischen Großvater und Enkelsohn – war zugleich ein Abschied. Mit Verwunderung – und mit Stolz – stellte Aguar fest, daß aus dem pausbäckigen Buben, der vor einem Jahr den Hof verlassen hatte, nun ein stolzer und gewandter Knabe geworden war.

Als er Arne zum Abschied winkte, ging dem alten König eine Frage durch den Kopf: Würde sein Enkel später seinem Sohn Eisenherz auf den Thron von Thule folgen – oder würde er der künftige König der Nebelinseln sein, die heute noch von Königin Aleta regiert wurden?

Als Gundar Harl mit seinem Segelschiff, an Bord Prinz Arne, aus dem Trondheim-Fjord segelte, traf er ein Drachenboot, mehr als vierzig Ruderer trieben das Schiff aus dem Fjord hinaus. Gundar grüßte zu Boltar hinüber. Die beiden Schiffe legten nebeneinander den Weg ins offene Meer zurück.

Auf offener See setzten Boltars Wikinger das große lederne Segel. „Solange ein Wind weht, werde ich segeln“, brüllte er hinüber. „Wir treffen uns an der Südspitze Irlands!“

Schwere Wellenbrecher ließen Gundars Schiff auf dem Meer schlingern und rollen. Arne lächelte verständnisvoll, als einige Männer an die Reling eilten und sich mühsam darüberbeugten.

Aber bald suchte Arne seine Kabine auf, warf sich aufs Bett. Hätte er in einen Spiegel schauen können, hätte er sich über sein grünliches Gesicht sicherlich gewundert. Die Nordsee ging sehr stürmisch mit dem Segelschiff um, das Arne nach Britannien bringen sollte. Als er sich wieder erholt hatte, waren die Gefahren für ihn neue Abenteuer.

Eisenherz war inzwischen nach Camelot gebracht worden. Es kam der

Tag, an dem Aleta von ihren Plänen erzählte. „Ich habe meinem Volk versprochen, auf die Nebelinseln zu kommen. Eine abwesende Königin ist keine gute Regentin. Das Volk ist ungeduldig, wünscht sich einen Thronfolger."

„Nein!" rief Prinz Eisenherz erregt, „mein Sohn Arne wird mir auf den Thron folgen!" „Habe ich da nicht auch mitzureden?" fragte von der Tür her eine vertraute Stimme. Überraschend trat Arne in den Raum, der Ärger des Vaters verflog beim Anblick seines heranwachsenden Sohnes. Nach der langen Trennung gab es viel zu erzählen.

Alle Eltern haben ihre Probleme; wenn der Vater ein Prinz, die Mutter eine Königin ist, sind die Probleme vielleicht noch schwieriger. Eisenherz und Aleta unterhielten sich bald wieder über die Thronfolge. Aleta packte ihre unzähligen Kleider in Truhen, sagte mit ruhiger Stimme: „Du bist der Herr des Hauses, und ich folge dir gern. Aber nicht jetzt. Ich habe meinem Volk versprochen zu kommen. Soll ich allein reisen?“ Prinz Eisenherz schaute seine Frau an. „Es stimmt, ich bin der Mann. Aber ich merke, ich tu' doch immer wieder, was du willst. Selbstverständlich komme ich mit.“ Er ließ sich von König Arthur Urlaub geben, der eine Seereise für gut zur Gesundung seines Ritters hielt. So segelten sie los.

Gundar Harls Schiff mit der königlichen Gesellschaft segelte zu dieser Jahreszeit ohne Eskorte. Nach Eisenherz' Sieg über die Piraten gab es um Britannien auch keine Gefahr mehr.

Weit voraus kämpfte Boltars Drachenschiff gegen die Stürme in der Bucht von Biscaya. Bei dem starken Seegang ermüdeten auch bald die Männer mit den stärksten Muskeln. Die Arbeit an den Riemen war anstrengend. Um seine Mannschaft bei Laune zu halten, ließ Boltar hier und dort eine kleine Stadt plündern. – Kap Finisterre wurde umrudert, die See war ruhiger geworden, das Segel wurde gesetzt. Die Beute konnte aufgeteilt werden, die Männer spielten – und wagten hohe Einsätze.

Boltar erreichte den Hafen von Gibraltar, wo er schon von der königlichen Reisegesellschaft auf Gundars Segler erwartet wurde. Auf der Fahrt durch das Mittelländische Meer sollten die kampferprobten Wikinger für den Geleitschutz sorgen. Nach einigen Tagen der wohlverdienten Ruhe machten die Männer die Schiffe klar zum Auslaufen.

Arne trat vor seinen Vater. ,,Wenn ich eines Tages Männern Befehle geben soll, muß ich den Umgang mit ihnen gewohnt sein. Laßt mich bitte mit

Boltar reisen.“ Konnte sich ein Vater einer solchen Bitte, die zudem klug begründet war, entziehen? Prinz Eisenherz erlaubte seinem Sohn die Reise.

Aleta half Arne beim Packen. Natürlich machte sie sich Sorgen. Wenn es zu Überfällen der berüchtigten Mittelmeer-Piraten kommen sollte, würden Boltars Schiff und seine mutigen Männer die Hauptlast des Kampfes zu tragen haben.

Eisenherz war stolz auf seinen Sohn, die Mutter sah nur, wie klein er zwischen den wilden Wikingern schien.

Vor der Küste Algeriens gerieten die Schiffe in eine Windstille. Träge schaukelten sie in der Dünung, die Segel hingen lose herab und warteten darauf, sich wieder mit Wind zu füllen. Die drückende Hitze war unerträglich. Endlich blies der Wind in die Segel. Doch es war der Schirokko, der Hitze und Sand aus der Wüste übers Meer trug. Die Wasservorräte waren fast erschöpft. Boltars Stimme dröhnte übers Meer: „Wir müssen den nächsten Hafen anlaufen! Wir brauchen Wasser!“

Während Gundars Segler auf dem Meer vor Anker lag, lief das Drachenschiff in den Hafen ein. Der Drachenkopf war vom Bug entfernt worden, hier hing Boltars Schild als Zeichen des Friedens. Unter den Zuschauern im Hafen waren auch zwei Piratenscheichs. „Wikingerschiffe sind immer mit reicher Beute beladen", flüsterten sie sich zu. Boltar ging mit einem Teil der Mannschaft von Bord, um vom Hafenmeister die Erlaubnis zu holen, die Wasserbehälter am Stadtbrunnen zu füllen. Plötzlich erfolgte ein Angriff auf das Schiff. Die Wikinger, wachsam und immer zum Kämpfen bereit, sprangen auf die Kaimauer. Arne spannte seinen Bogen. Einer der Feinde zielte mit seinem Speer auf einen Wikinger. Arnes Pfeil schwirrte . . .

. . . und mit einem wütenden Schmerzensschrei fiel der Räuber nieder. Er riß den Pfeil aus seinem Hals, suchte mit mordlüsternen Augen seinen Angreifer. Mit der Ruhe, die er von seinem Vater gelernt hatte, wartete Arne schußbereit, bis sein Gegner den Speer gezielt erhoben, nahe genug herangetreten war. Arnes zweiter Pfeil zischte durch die Luft, fand sein Ziel. Mit angehaltenem Atem hörte Arne den Pfeil treffen, mit erschrockenen Augen schaute er ins Kampfgetümmel, konnte aber seinen Gegner nicht mehr entdecken. Der Angriff wurde abgeschlagen. Als die Wikinger, von der Verfolgung der Feinde zurück, wieder an Bord gingen, saß Arne bleich an der Reling, die Augen entsetzensstarr. „Habe ich einen Menschen getötet?" fragte er mit leiser Stimme.

Boltar kehrte zurück, erfuhr von dem Überfall, raste vor Wut. Auch dem Statthalter wurde der Vorfall berichtet und wie fürchterlich die Streitäxte der Nordmänner gewütet hätten. Da wurde die Tür krachend aufgestoßen. Der Anführer der Nordmänner! Der Statthalter starrte erschrocken auf den vor Wut gesträubten Schnurrbart Boltars – und auf die Streitaxt. Boltar beherrschte mühsam seinen Zorn. Äußerst selten lief er in friedlicher Absicht einen Hafen an. Und ausgerechnet hier wurde er überfallen! Der Statthalter gewährte bereitwillig alles, was von ihm verlangt wurde. Als Boltar an Bord ging, trug er einen Beutel Goldstücke in der Hand. Die Stadtleute schleppten ihm Wasser, Wein, Proviant hinterher. Die nahegelegenen Lagerhäuser waren nun fast alle geleert.

Alle an Bord waren glücklich – nur Arne nicht. Vielleicht hatte er einen Menschen getötet. Es war ein Dieb gewesen. Aber durfte er, Arne von Thule, über ein Menschenleben bestimmen?

Auf offener See glitten bald die Schiffe von Boltar und Gundar nebeneinander ostwärts. Eisenherz vermutete, daß auf dem Wikingerschiff nicht nur Wein getrunken wurde. Manchmal näherte sich ein Piratenschiff, der Anblick der wilden Krieger aber war immer ein Grund abzudrehen. Darüber ärgerte sich Boltar. Als das nächste Piratenschiff in Sicht kam, versteckten sich die Wikinger hinter der Reling. So enterten und plünderten sie den Piraten.

Boltar und seine Krieger sollten die königliche Familie beschützen. Dieser Bitte waren sie gern nachgekommen – auf ihre rauhe Art. So war ihr Schiff überreich mit Beute beladen, als der Tempel der Aphrodite, der alten und ewig jungen Göttin der Liebe, auf einem Felsen hoch über dem Meer sichtbar wurde. Der westliche Zugang zum Reich der Nebelinseln war erreicht.

Der kleine sichere Hafen war mit Blumen geschmückt, von allen Häusern grüßten flatternde Fahnen herüber, auf allen Türmen läuteten die Glocken, um Aleta, Königin der Nebelinseln, zu begrüßen. Lächelnd, jedoch sehr aufmerksam, lauschte sie den Jubelrufen ihres Volkes. Sie wollte wissen, ob sie immer noch so beliebt und verehrt wurde. Sicher, der Empfang war herzlich wie immer, aber ihr schien, daß der Beifall für Arne, den vermutlichen Thronfolger, am lautesten war.

Die Anwesenheit der Königin füllte den Palast mit aufgeregtem Leben. Aleta lauschte den Berichten, die ihr über die Freuden, aber auch über die Nöte und Ängste ihres Volkes Auskunft gaben. Mit einfachen und mit einflußreichen Männern unterhielt sie sich. Und erschreckt mußte sie feststellen, daß sich manches verändert hatte.

Der königliche Goldhelm bedrückte Aleta. Ihr Vater und ihr Großvater hatten streng und weise regiert, das Königreich war sicher und frei gewesen. Unter ihrer Regierung wurde die Freiheit bewahrt, der Wohlstand gemehrt. Frieden, Freiheit und Wohlstand waren dem Handel förderlich gewesen, das Königreich der Nebelinseln blühte auf – und erregte den Neid der Königreiche in der Nachbarschaft. Aleta hatte ein Reich der Glückseligkeit geschaffen – eine gute Beute für habgierige Eroberer.

Sie zog sich zur Beratung zurück, sprach mit ihrem Mann, einem erfahrenen Kriegsherrn, mit Gundar Harl, einem tüchtigen Schiffbauer, mit Boltar, einem tapferen Kämpfer. Eine Kriegsflotte aufzubauen, fehlte die

Zeit. Um eine starke Armee zu bewaffnen, müßten erst Waffen in Rhodos gekauft werden. Aber die Zeit drängte. „Wer ist der ärgste Feind?" fragte Aleta. „Thrasos, unser westlicher Nachbar", antwortete Prinz Eisenherz. „Ladet den netten Herrn ein, sagt ihm, wir brauchen seine Hilfe", bestimmte Aleta.

Bald erschien Thrasos, ungeduldig, die Reichtümer zu besichtigen, die ihm gehören sollten. Mit der Arroganz eines Eroberers betrat er den Palast.

Prinz Eisenherz war mehr als erstaunt, als er beobachten mußte, wie seine Frau mit leuchtenden Augen Thrasos anschaute, mit ihm plauderte und sogar flirtete. Nie hatte der Prinz seine Königin schöner gesehen – oder hilfloser? Dann flehte Aleta: ,,Thrasos, ich hörte, Ihr seid ein genialer Kriegsführer. Ich verstehe von solchen Dingen natürlich gar nichts. Werdet Ihr mit Euren Leuten uns unterstützen, damit ich mein armes geliebtes Land verteidigen kann?" Eisenherz wußte nicht, ob er sich wundern oder ärgern sollte. Thrasos ergriff Aletas Hand. ,,Zu gern bin ich meiner schönen Nachbarin behilflich. Ich werde Euch hundert Handwerker und dreihundert Arbeiter schicken." Thrasos, der die Sage vom trojanischen Pferd kannte, flüsterte auf dem Weg aus dem Palast einem seiner Männer zu: ,,Ich werde meine besten Soldaten schicken. Sie werden dann innerhalb der Stadtmauern sein, wenn die Zeit gekommen ist."

Während Prinz Eisenherz schmollte: ,,Warum hast du dich so schamlos aufgeführt?" und Aleta lächelte: ,,Ach, Liebling, auf diese Art habe ich dich einst auch herumgekriegt", – war Thrasos begeistert. Er würde den Wunsch dieser strohblonden und strohdummen Königin erfüllen. Und bald, nachdem Eisenherz und Boltar einen Monat später die zwölf Schiffe argwöhnisch beobachteten, die anlegten und von denen dreihundert Mann, Arbeiter, Handwerker, Spione an Land gingen – ermahnte Thrasos den Vorarbeiter: ,,Baut die Mauern fest und hoch, später werden es unsere Bollwerke sein."

Prinz Eisenherz, Boltar und eine kleine Mannschaft schlichen sich nachts auf Thrasos Schiffe. Sie waren nicht überrascht . . .

. . . als sie, versteckt unter Falltüren, Waffen entdeckten: Schwerter, Speere, Pfeile, Bogen, Äxte, Schilde. Thrasos Arbeiter, von denen sich einige sehr ungeschickt mit ihrem Handwerkszeug anstellten, die weder mit den Steinen noch mit dem Mörtel umzugehen wußten, wurden in einem Lagerhaus sicher untergebracht. An die vergitterten Fenster gedrängt, mußten sie zusehen, wie die freien und fröhlichen Untertanen der Königin der Nebelinseln sich der Waffen bemächtigten. Zu diesem Zweck hatten Thrasos' getarnte Soldaten die Waffen doch nicht mitgebracht. Spione hinterbrachten dem hinterlistigen Thrasos die Nachricht von diesen peinlichen Vorfällen. Der habgierige Nachbar Aletas schäumte vor Wut. Und er hatte die Handwerker und Arbeiter geschickt, die jetzt die Verteidigungsanlagen der Hauptstadt der Nebelinseln bauten. Alles war doch von ihm so gut geplant gewesen!

Thrasos wurde aus seinem Brüten durch seinen Meisterspion aufgestört. Er zeigte seinem Herrn eine Lücke in der Verteidigung. Thrasos faßte einen neuen Plan, und er schrieb an Aleta einen bösen Brief – über den sie sich mit Eisenherz zusammen amüsierte. Sie lasen: „Die armen Handwerker und Arbeiter, die ich in meiner Herzensgüte geschickt habe, werden von Euch wie Gefangene gehalten. Ich verlange, daß sie sich als Gäste frei bewegen können, mit allen Ehren behandelt werden . . ." Königin Aleta schrieb einen Antwortbrief, liebenswürdig und voller Überschwang: „. . . wir behandeln sie doch wie Staatsgäste. Sie sind so untergebracht, wie sie es verdienen. Entsprechend sind ihr Lohn und ihre Mahlzeiten. Nur weil unsere sanften Bürger vor Euren harten Männern Angst haben, mußten wir sie etwas gesondert unterbringen." „Dumme Blondine", murmelte Thrasos zähneknirschend.

Heimlich bereitete Thrasos den Angriff vor. Seine Spione berichteten ihm, daß die neuen Mauern fest und hoch wären – nur ein Teilstück fehlte noch.

Hier wollte Aleta einen Marmorpalast errichten lassen, aber mit immer neuen Ausreden verzögerten die fremden Handwerker den Baubeginn. Mit ihren militärischen Beratern besprach die Königin die Pläne für die Verteidigung. Sie wußten, Thrasos würde bald angreifen.

Die Kriegsvorbereitung war zu Ende. Thrasos gab seiner Flotte Befehl zum Auslaufen. Er wollte die Nebelinsel erobern, Herrscher über die Ägäis werden. In der Morgendämmerung erreichte Thrasos den leeren Hafen.

Thrasos lächelte über die Lücke in der hohen Mauer, die zum Angriff einlud, und während er ein Zeichen gab – öffneten sich auf ein anderes Signal die inneren Stadttore. Eine heimlich gebaute, große Maschine rollte zur Mauer. Die Hauptflotte besetzte den Hafen. Niemand merkte, daß hinter ihnen eine schwere Kette hochgezogen wurde, die die Ein- und Ausfahrt versperrte.

Die Angreifer rückten zur Mauerlücke vor, aber die hohe hölzerne Mauer blockierte den Weg. Da entdeckten sie durch einen offenen Torbogen eine im Bau befindliche große Halle, Gerüste reichten hoch bis zur Mauerkrone.

Grölend stürmten Thrasos Krieger das Gebäude, erkletterte ungeduldig das schaukelnde Gerüst. Sie konnten es nicht erwarten, die Schätze der reichen Stadt zu plündern. Unter lautem Bersten und Krachen stürzte das Gerüst zusammen. Nicht umsonst hatten geschickte Zimmerleute die ganze Nacht gearbeitet und unter viel Mühe

und Schweiß die Balken angesägt. In das Gemenge von Holz und Soldaten floß von oben Öl herab; einer von Aletas Hauptleuten brüllte: „Werft eure Waffen weg! Geht einzeln durch das Tor! Nicht zu langsam, sonst werfen wir brennende Fackeln hinunter!"

Die rollende Mauer gab einen engen Spalt frei. Die Überlebenden stolperten in die Stadt, ins Gefängnis. Von Thrasos großer Streitmacht war ein Drittel vernichtet oder in Gefangenschaft. Die anderen Angreifer waren verwirrt: Vor ihnen stand die unüberwindliche Mauer, hinter ihnen war das Meer.

Eisenherz gab den Flammenwerfern ein Zeichen. Und bevor die Angreifer ihre Kriegsmaschinen von den Schiffen heruntergehoben hatten, prasselten die Feuerbälle herab, trafen die Segel, die Masten, die Aufbauten. Kein Schiff blieb verschont, keines konnte entkommen – die schwere Kette verschloß die Hafenausfahrt. Thrasos war bei der Reserve geblieben. Seine Schiffe hatten den Hafen eingenommen, seine Krieger waren durch die Mauer gestürmt – wo blieb das Signal, daß die Stadt erobert worden war? Warum brannte seine Flotte im Hafen?

Prinz Eisenherz beobachtete, wie die Reserveflotte Segel setzte, eine nahe Bucht ansteuerte. Er übergab das Kommando einem Offizier.

Thrasos führte die ihm verbliebenen Truppen, ausgerüstet mit Sturmleitern, um die Stadt herum. Eisenherz gab Boltar und den kampfeslüsternen Wikingern ein Zeichen. Auf der anderen Seite der Stadt nahmen sie auf den Mauern Stellung. Zu ihrer Verstärkung schickte Eisenherz die Krieger, die nicht mehr am Hafen gebraucht wurden. Thrasos ließ die Mauer stürmen. Zuerst fielen seine Männer wie welke Blätter im Herbst, dann mußten die Wikinger weichen.

Thrasos gelangte mit seinen Männern über die Mauer in die Stadt. Aber jetzt kam, noch rechtzeitig, die von Eisenherz gesandte Verstärkung. Thrasos' Siegesträume zerstoben im Waffengeklirr. Er versteckte sich in einer Turmnische, rüttelte am Schloß, die Tür ging auf.

Der Kampflärm drang schwach durch die Mauer, dann wurde es still, und Thrasos stand im Garten der Königin. Langsam wurde es dunkel, er hielt sich im dichten Gebüsch ver-

steckt. Alles hatte er verloren, ihm blieb nur noch eins zu tun: Er schlich in den Palast, um an der Königin, die seine Niederlage herbeigeführt hatte, Rache zu nehmen. Er stieg durch ein offenes Fenster – und Atleta blickte in sein brutales, vor Haß verzerrtes Gesicht. Ein spitzer Angstschrei entfuhr ihr. Eisenherz, der vor ihrem Zimmer Wache gehalten hatte, stürzte in den Raum. Er schleuderte sein Singendes Schwert, traf Thrasos, brachte ihn zu Fall. Der Schurke entfloh, verletzt und blutend. Eisenherz hob die zarte Gestalt Aletas sanft auf. Sie war nicht verwundet, nur in eine tiefe Bewußtlosigkeit gefallen.

Prinz Eisenherz rief Aletas Hofdamen herbei, gab seine Frau in ihre Obhut. Er stellte zahlreiche Wachen auf, suchte den Schurken Thrasos. Der hatte sich inzwischen in einem Schuppen im hintersten Winkel des Gartens versteckt. Trübsinnig starrte er vor sich hin. Eine Frau hatte ihn besiegt, und er war noch nicht einmal fähig gewesen, Rache zu nehmen. Er zog seine blutverschmierten Schuhe aus, bedeckte seine Rüstung mit einer alten Pferdedecke. Dicke Rauchschwaden hingen über der Stadt, die kläglichen Reste seiner Armee wurden eben ent-

waffnet, als Thrasos über die Mauern der Stadt entkam. Er schlich sich durch Olivenhaine und Weingärten. Und weit hinter sich sah er Eisenherz, der unermüdlich nach ihm suchte. Thrasos erreichte die schroffe Küste, hörte Donnergrollen. Ein Gewitter wünschte er sehnlich herbei, dann würde es ihm gelingen, über die große Ebene vor ihm zu entkommen. Sein Wunsch wurde erfüllt. Der Himmel verfinsterte sich, ein furchtbares Unwetter brach los, begünstigte seine Flucht. Ein greller Blitz – und er sah Eisenherz auf sich zukommen. In einem verwitterten einsamen Baum versteckte sich der Fliehende.

Die Dunkelheit wurde von einem entsetzlichen Blitz zerrissen, der Baum in grelle Flammen gehüllt, Eisenherz zu Boden geschleudert. Als er seine geblendeten Augen wieder öffnen konnte, sah er aus dem Baumstumpf eine verstümmelte Hand, der das Schwert entfallen war.

Wieder in der Stadt, gab es für Eisenherz viel zu tun. Der Krieg war vorbei. Die Nacht war schon angebrochen, als endlich alle Probleme besprochen waren. Eisenherz eilte zu Aletas Gemächern, doch die Hofdamen verweigerten ihm den Eintritt. Katwin teilte die Vorhänge, nickte mit ernstem Gesicht dem Prinzen aufmunternd zu, verschwand wieder. Unruhig

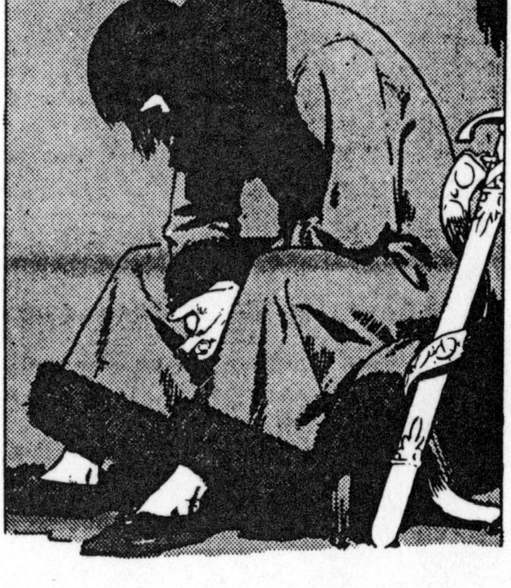

lief er im Flur hin und her. Erschöpft sank er in einen Sessel. Diener halfen ihm aus der nassen Rüstung, hüllten ihn in einen trockenen Mantel. Sofort schlief er ein. Bald darauf wurde er wachgerüttelt.

Ein neuer Tag war angebrochen. Eisenherz wusch sich, kämmte sich, betrachtete dann voller Selbstgefallen sein Spiegelbild: Aleta brauchte sich ihres Mannes nicht zu schämen. Aletas Zofen bemühten sich, ihre Herrin zu schminken und zu frisieren, ihr Mann sollte nicht merken, daß sie in Lebensgefahr gewesen war. Eisenherz trat ins Zimmer, er war überrascht, und ein tiefes vertrautes Gefühl rührte ihn. Und durch Aletas Schminke sah er, wie nahe sie dem Tod gewesen war. Überwältigt vor Freude, besorgt um seine geliebte Aleta, kniete er nieder. Nun mußte sie ihn trösten. In einem Arm einen Säugling, im anderen einen Mann, das war nun Aleta zu viel. Sie schickte Eisenherz an die Arbeit.

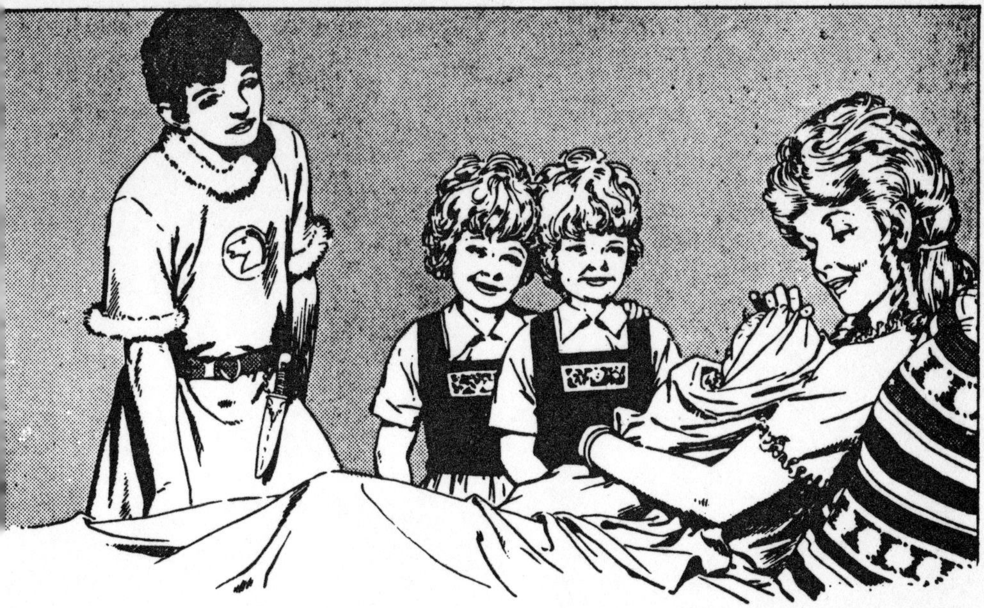

Draußen verkündeten die Herolde: ,,Heute wurde der königlichen Familie ein Prinz geboren!" Drinnen wurden Prinz Arne und die Zwillinge ihrem kleinen Bruder vorgestellt. Arne blickte ernst auf seinen Rivalen; bisher war er der Thronfolger von Thule und den Nebelinseln gewesen. Valeta dachte: ,,Mit meinem Charme werde ich ihn betören." Karen: ,,Ein Junge! Aber ich zeige ihm, wer hier das Sagen hat."

Draußen konnte Arne keinen Schritt tun ohne die Begleitung von Dienern und Wachen. Er kam sich sehr wichtig vor, bis er sah, wie die anderen Jungen frei und ausgelassen herumtollten. Er eilte zur Wiege seines kleinen Bruders. ,,Ich grüße Euch, künftiger Herrscher der Nebelinseln!" Eine Stunde später war er mit Paul und Diane unbeaufsichtigt am Strand. Sie fingen Fische, die sie anschließend brieten. Es war so schön wie vor langer Zeit, als er hier gewesen war.

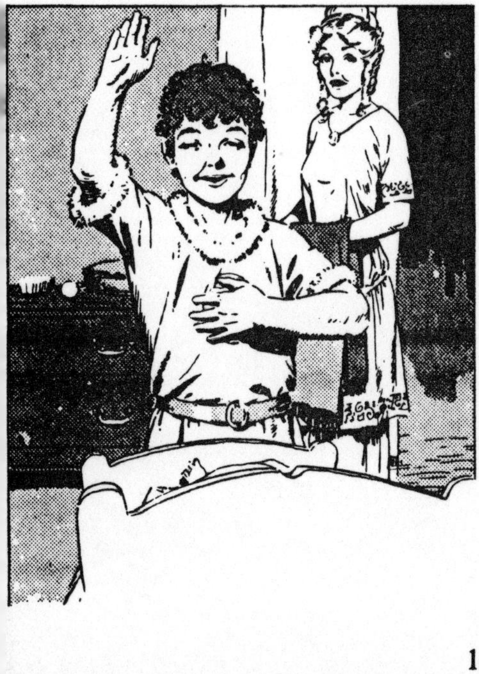

Die Gefangenen mußten weiter an der Befestigung arbeiten. Auch die winzigen Eilande des Königreichs erhielten Festungen und Bollwerke. Thrasos Leute hatten keine Waffen, aber Werkzeuge. Sie planten einen Aufstand. Aber natürlich erfuhr Prinz Eisenherz davon und gab Boltar Bescheid. Für die Wikinger, die sich langweilten und untereinander Raufhändel suchten, gab es endlich wieder Kampf und Spaß. Die Rebellion wurde von Boltars Leuten unerbittlich niedergeschlagen. Drei Männer aber entkamen in die Freiheit. Einer schwamm in den Fischereihafen, stahl eines der dort vertäuten Boote. Die anderen beiden kletterten über Felsen, schwammen übers Meer, warteten in einer Höhle auf ihren Kumpanen.

In aller Frühe stürmten Arne und seine Freunde Paul und Diane die Klippen hinunter zum Meer. Sie hatten sich vorgenommen, den ganzen Tag am Meer zu verbringen. Sie wollten fischen, braten, essen, die Gegend erforschen und wieder essen. Das machte allen dreien großes Vergnügen. Wollten sie im Meer schwimmen, drehte sich Diane errötend um und ging an ihren Privatstrand – Hunderte von Metern entfernt. Die Jungen schauten sich überrascht an. So ist das also, wenn man erwachsen wird; sie lachten sich an.

Aufgeregt verfolgten die drei jungen Leute, wie ein Boot in ihre Bucht gerudert wurde. Plötzlich wurden sie grob von hinten gepackt und in die Höhle geschleppt.

Die drei Flüchtlinge berieten: sollten sie die Kinder umbringen oder mitnehmen! „Ich bin Prinz Arne, Königin Aletas Sohn! Laßt mich los! Sonst wird Prinz Eisenherz, mein Vater, auf allen Meeren nach euch suchen. Und er wird euch finden und bestrafen!" Ein Prinz als Geisel! Sicherheit jetzt, später ein gutes Lösegeld. Das Boot legte ab. Ohne Verpflegung und Wasser verging der Tag. Nachts entdeckten sie Licht. Das gab Hoffnung. Die drei Schurken fesselten und knebelten ihre Geiseln, schlichen zu der Fischerhütte. Die drei Männer kehrten zum Boot zurück, in ihren blutigen Händen trugen sie Verpflegung und Beute.

Bei Tagesanbruch setzten die Räuber Segel und fuhren weiter. Keiner wußte, wohin die Reise ging. An diesem Morgen machten sich Arnes Eltern Sorgen. Ihr abenteuerlustiger Sohn war zu lange weggeblieben. Aleta erinnerte sich an die Höhle am Meer. Hier lagen keine Kleider, also war kein Unfall beim Baden passiert. Aber im Sand entdeckten sie Spuren eines Bootes.

In der Stadt wurden nicht nur die drei Kinder vermißt, drei Gefangene waren flüchtig, ein Boot war als gestohlen gemeldet. Prinz Eisenherz befahl Gundar Harl, sein Schiff zum Auslaufen vorzubereiten. Mit dem Besitzer des gestohlenen Bootes segelten sie los. „Herr, gestern hatten wir Südwind. Also sind die Flüchtlinge nach Norden gefahren. Im Boot waren weder Wasser noch Brot." Eisenherz suchte auf den nördlichen Inseln nach den drei Kindern und den flüchtenden Gefangenen. Bald fand er den Ort, wo sich die Schurken mit Proviant versorgt hatten.

Einige Tage später legten die Flüchtlinge in einer Hafenstadt an. Hier wollten sie die Kinder verkaufen. Arne sprang über Bord.

Arne blieb lange unter Wasser, versteckte sich zwischen den Booten, völlig erschöpft erklomm er die Hafenmauer. Versteckt mußte er beobachten, wie seine Freunde zum Sklavenmarkt gebracht wurden. „Zieht ihnen die Kleider aus! Die Käufer wollen wissen, ob die Ware gut gewachsen ist." Diane fügte sich, Paul wehrte sich und wurde brutal zu Boden geschlagen. Ein Händler aus Nordafrika kaufte die beiden nackten Kinder. Verzweifelt mußte Arne mit ansehen, wie seine Freunde und die anderen Sklaven auf ein Schiff getrieben wurden. Diane tröstete Paul: „Arne wird uns helfen." Der junge Prinz rannte zum Palast des Statthalters, um Hilfe zu holen. Aber die Palastwache wollte diesen nassen, schmutzigen Jungen nicht durchlassen. Außerdem behauptete er, ein Prinz zu sein. „Unverschämter Lügner, scher dich weg!" Arne mußte zum Statthalter! Auf der Rückseite des Palastes kam ihm ein Wagen entgegen. Mit einem Satz sprang Arne auf den Wagen, vom Wagen auf die Mauer, dann in den Garten.

„Weißt du nicht, daß es streng verboten ist, in den Garten der Damen einzudringen?" fragte eine edle Dame. „Verzeihung", antwortete Arne artig, „ich mußte es wagen. Ich muß den Statthalter sprechen." Der betrat eben den Garten, war guter Laune, hatte er doch vorhin eine große Spende (wer wollte von Bestechung reden?) erhalten. „Ich brauche Eure Hilfe!" rief Arne. „Ich bin der Sohn von Königin Aleta und Prinz Eisenherz. Hier trage ich das Wappen von Thule." Ein wundervoller Tag für den Statthalter. Ein reicher Erbe in seiner Gewalt. Arne war jetzt in Sicherheit – aber als Gefangener. Der Statthalter diktierte einen Brief an Prinz Eisenherz, sandte das Schreiben mit einem schnellen Boot an den Vater seiner Geisel. Schon nach kurzer Zeit traf der Bote das Schiff von Gundar Harl, konnte die wichtige Schriftrolle dem Empfänger übergeben.

Arne blickte aus dem Fenster. Die drei geflohenen Sträflinge gingen in eine Kaschemme, ihre Freiheit und den Verkauf der Kinder zu feiern. Arne blickte übers Meer, freute sich. Gundar Harls Schiff lief in den Hafen ein. Aber zur gleichen Zeit, den günstigen Wind nutzend, segelte der Sklaventransporter in Richtung Afrika aus dem Hafen.

Arne sah seinen Vater mit einigen Kriegern die Straße vom Hafen zum Palast hinaufgehen. Laut rief er nach ihm, aber der Lärm übertönte seine Stimme. Arne zog sein Hemd aus, griff nach einem Blumentopf, bewies seinem Vater, daß er noch lebte und zielen konnte. Erst erschrocken, dann glücklich lächelnd, winkte Eisenherz mit der Schriftrolle nach oben.

Eisenherz, keine Wachen achtend, drang in das Zimmer des Statthalters ein. Der sah den großen, furchteinflößenden Mann, in der einen Hand Arnes Hemd, in der anderen seinen Brief. Der Statthalter zitterte. Er wußte, sein Schwindel war durchschaut. Er dachte an seine vielen Soldaten, brauste auf, blickte in die eiskalten Augen des Prinzen, sank dann in sich zusammen. Mit dünner Stimme befahl er, Arne zu holen. „Danke, Vater! Wir müssen uns beeilen. Paul und Diane sind auf dem Schiff gefangen, das gerade den Hafen verlassen hat.“ Auf dem Weg zum Schiff holte Eisenherz die drei betrunkenen Schurken aus der Kaschemme. Er hätte seine Soldaten nicht gebraucht.

Meile um Meile verringerte sich der Abstand zwischen den Verfolgern und dem Sklavenschiff, beladen mit Menschenware. Diane hatte sich schon in ihr Schicksal gefügt, Paul begehrte immer wieder auf und wurde vom Aufseher ausgepeitscht. Bald lagen die beiden Schiffe Seite an Seite, Enterhaken wurden geworfen, die Schiffe miteinander verbindend. Eisenherz verlangte die Freigabe der beiden Kinder. Der Sklavenhändler, eine stärkere Mannschaft im Rücken, weigerte sich, forderte einen hohen Preis. Die drei Häftlinge, die wußten, welche Strafe sie zu erwarten hatten, flehten Eisenherz an: „Tauscht uns gegen die Kinder ein.“ Für den Sklavenhändler war dies ein gutes Geschäft: zwei Kinder gegen drei kräftige Männer. Der Austausch wurde vorgenommen. Alle Probleme schienen gelöst – bis auf eins. Paul hatte zu oft die Peitsche zu spüren bekommen. Er griff eine schwere Eisenrolle und beglich die offene Rechnung.

Aleta war am Ende ihrer Kräfte. Sie machte sich Sorgen um Arne, keine Nachricht von ihrem Mann, der Säugling beanspruchte ihre ganze Aufmerksamkeit, die Probleme des Reiches der Nebelinseln bedrückten sie stark. Aleta war voller Kummer. Da betraten Eisenherz und Arne unbekümmert das Zimmer. Aletas müde Augen blickten auf, mit schriller Stimme beschimpfte sie ihren Mann. Dann stürzte sie laut schluchzend in seine Arme. Eisenherz hielt sie zärtlich umfaßt, tröstete sie, legte sie behutsam aufs Bett, wo sie gleich einschlief. „Katwin, ist sie krank?" „Nein, Herr, nur erschöpft." Prinz Eisenherz betrachtete Aleta. Er wußte, diese wunderbare Königin war die beste Ehefrau.

Eine neue Epoche in der Geschichte der Nebelinseln war angebrochen. Die Inseln des Königreichs waren mit Hilfe Eisenherz' und der Wikinger gut gesichert, die erbeutete Flotte trieb Handel, vermehrte Wohlstand und Glück. Es gab Niederlassungen in Alexandria, Beirut, Konstantinopel. Aus aller Herren Länder kamen Gesandte, bewunderten mit gierigen Augen den Reichtum, bestaunten mit Ehrfurcht die starken Mauern, brachten Geschenke und boten die Freundschaft ihrer Herrscher an.

Aleta und Eisenherz fanden trotz aller Staatsangelegenheiten Zeit, glückliche Stunden im Kreis ihrer Familie zu verbringen, sich zu erholen, neue Kraft zu schöpfen.

Die Kinder wurden größer. Für Arne hatte die Höhle am Meer den Zauber verloren, er wollte mit seinem Vater Abenteuer erleben. Diane war ein scheues Mädchen geworden. Paul fühlte sich zur guten Gesellschaft hingezogen. Auch der kleine Thronfolger der Nebelinseln war gewachsen. Dieser laute und lustige Prinz brauchte nun einen Namen. Mit großem Pomp sollte er getauft werden, um aller Welt seine Wichtigkeit zu beweisen. Es war nicht einfach, einen Namen für ihn zu finden. Ahnen, Götter, Kaiser, Könige, Verwandte, Freunde mußten bedacht werden, die Namensliste nahm kein Ende. „Warum nennen wir meinen Bruder nicht Galan?" schlug Arne vor, „der Name ist schön, bedeutet, daß wir ihn liebhaben, und keiner kann beleidigt sein."

Von nah und fern kamen die Gäste. Die Taufe wurde ein großartiges Fest. Aleta sah lieblich aus – wie stets. Viele ihrer ehemaligen Verehrer beneideten Prinz Eisenherz. Der ließ die Zeremonie mit Gelassenheit über sich ergehen – schließlich war dies sein viertes Kind. Das verhielt sich still, bis der Erzbischof „Galan" sagte und mit Wasser spritzte. Der kleine Prinz schrie so fürchterlich, daß die weiteren feierlichen Worte nicht mehr zu verstehen waren.

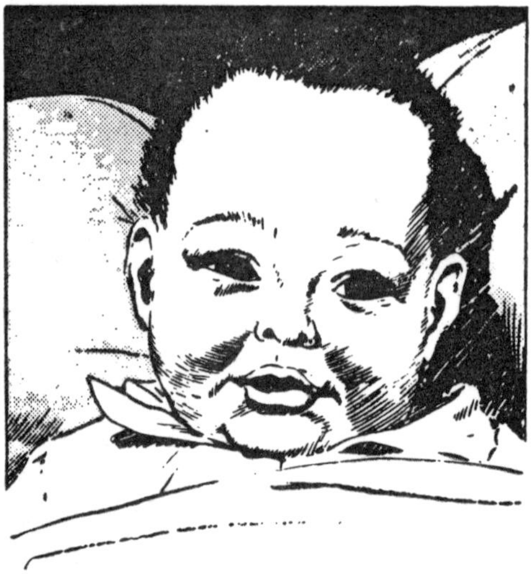

Galan wurde verwöhnt, Arne wollte lernen. Prinz Eisenherz übernahm selbst die Ausbildung seines Sohnes. Die Unterrichtsstunden waren keine Spielerei. Beim Waffentraining kämpfte Arne hart und ausdauernd. Über Worte des Lobes freute er sich sehr. Aleta verfolgte diese Stunden mit gemischten Gefühlen. Arne würde sich nie mehr an ihren Rockzipfel hängen, er war jetzt an der Seite des Vaters, Männerarbeit zu verrichten.

Eines Tages sahen Vater und Sohn, wie die Seeleute und Fischer im Hafen ihre Boote sicherten. Ein Sturm kündigte sich an. Eisenherz und Arne gingen zu den Klippen. Am Horizont zogen sich Wolken zusammen, schwarz und geheimnisvoll, durchzuckt von grellen Blitzen. Die Ruhe vor dem Sturm. Dort draußen – ein Schiff. Es kämpfte gegen den Sturm, um den sicheren Hafen zu erreichen. Der Wind zerfetzte die Segel. Hilflos trieb das Schiff auf die Klippen zu. Eisenherz und Arne eilten zum Strand.

Eben noch hatten Menschen dichtgedrängt an Deck gestanden, laut nach Hilfe gerufen. Jetzt warf das tosende Meer Wrackteile an den Strand. Eisenherz und Arne halfen den Schiffbrüchigen – es waren nur noch wenige. Der Anführer, Sir Owen von Lothian, klagte: „Wir sind Pilger auf dem Weg ins Heilige Land. Seit einem Jahr sind wir unterwegs. Nun dieses Unglück, nicht weit vom Ziel unserer Sehnsucht entfernt.“ Er blickte auf Eisenherz' goldene Kette, flehte: „Ihr seid ein vornehmer Herr, bitte helft uns.“

Nachdem alle Schiffbrüchigen und ihr weniges Hab und Gut in Sicherheit waren, begab sich Eisenherz in den Hafen, mit Aletas Kapitänen die Weiterreise der frommen Männer zu besprechen. Doch keiner kannte den genauen Weg. „Ich werde mit den Pilgern nach Jaffa segeln“, sagte er zu Aleta, „als dein Abgesandter werde ich auch Handelsbeziehungen anknüpfen.“ „Wird Arne dich begleiten?“ „Ist seine Zeit schon gekommen?“ „Ja“, sagte Aleta schweren Herzens, „er ist ein Jüngling, er muß lernen, sich wie ein Mann zu verhalten.“

Der Tag des Abschieds. Arne sah seine Mutter winken. Am liebsten wäre er zu ihr gerannt. Aber er blinzelte, schluckte, winkte tapfer zurück.

Unbehelligt erreichte das Schiff den Hafen von Jaffa. Als nach einigen Tagen noch mehr Pilger eingetroffen waren, eine gute Schutztruppe zusammengestellt war, begaben sich die frommen Leute nach Jerusalem. Durch das Jaffa-Tor zogen sie in die Stadt. Eisenherz war nun zum drittenmal hier, er wußte von der Feindseligkeit der Einheimischen gegenüber den Pilgern, die alle Nichtchristen haßten. ,,Respektiert den Glauben und das Brauchtum anderer Menschen! Ge-

fährdet nicht die Pilger, die nach Euch kommen werden.“ Arne bewunderte mit staunenden Augen die heiligen Stätten, die ihm sein Vater zeigte. Eisenherz und sein Sohn zogen weiter, am Ölberg und am Garten Gethsemane vorbei durch das Kidrontal gen Jericho. Riesige Schuttberge und Ruinen, hier stand einst Jericho. In der Ferne glitzerte das Tote Meer in der Sonnenglut. Arne wurde bewußtlos, wankte. Eisenherz fing ihn auf. Die neue Rüstung und das Schwert waren zuviel für den Jungen gewesen. Als ihm Eisenherz den Helm abnahm, verbrannte er sich die Finger. Im kühlen Wasser des Flusses Jordan erholte sich Arne wieder.

Gegen Abend näherte sich eine Karawane dem Lager. Ein reicher Kaufmann war mit Teppichen, Weihrauch und Sklaven auf dem Weg zum Markt. Eisenherz überzeugte den Geschäftsmann vom beiderseitigen Vorteil, wenn er über die Vermittler in Jaffa Handelsbeziehungen mit dem Königreich der Nebelinseln anknüpfen würde. Eisenherz blickte auf, sah in schwarze Augen voller Verzweiflung – ein Sklave mit dem Sklavenring um den Hals. Bis Mitternacht mußte Prinz Eisenherz feilschen, bis er einen annehmbaren Preis für diesen Sklaven, der die Bücher führen, die Karawane leiten und die Landessprache sprechen konnte, gezahlt hatte. Spät erwachte er, sah wie der Sklave Ahmed ein kühles Tuch auf Arnes Stirn legte. Der junge Prinz wollte gleich weiterreiten, doch Ahmed schneiderte für Arne ein luftiges Gewand, empfahl einen Ruhetag. Nach dieser Pause zogen sie weiter nach Galiläa und Tiberias.

In Tiberias merkte Prinz Eisenherz, daß er zwar mit mächtigen Herrschern verhandeln konnte – aber nicht mit gerissenen Händlern. Er zog mit seiner Karawane weiter nach Damaskus, das in strahlendem Sonnenlicht lag. Am Stadttor lehnte ein junger Grieche, der sein letztes Geld verspielt hatte. Er beobachtete Eisenherz, sprach ihn an: „Edler Herr, Ihr braucht einen Geschäftsführer, der schlau und skrupellos ist." Eisenherz lachte: „Schlag du dich mit den Händlern herum, und wenn du Erfolg hast, nenne mir deinen Lohn." Eisenherz staunte über seinen neuen geschäftstüchtigen Mitarbeiter. Am Abend waren der ruhige und sachliche Ahmed und der geschickte und muntere Nikilos gute Freunde geworden.

Prinz Eisenherz verließ Damaskus. Dank des Geschicks und der Erfahrung von Ahmed und Nikilos fühlte er sich als erfolgreicher Geschäftsmann. Die Karawane zog auf der Straße nach Aleppo. In den Tälern Syriens erinnerten die Ruinen von Festungen und Tempeln an die vielen Eroberer, an Assyrer, Perser, Ägypter, Griechen, Römer.

Weit im Osten stand ein junges Mädchen vor dem Rat ihres Volkes. Sie hatte gegen die Gesetze verstoßen, sie vernahm ihr Todesurteil: Wandere westwärts! Sie verließ die schwarzen Zelte, vor ihr lag die kahle wasserlose Steppe, über die der kalte Wind pfiff. Gegen Abend traf sie Krieger ihres Stammes, die nichts von der Verurteilung des Mädchens wußten. „Mein Pferd hat sich ein Bein gebrochen", erklärte sie den fragenden Stammesgenossen. Sie floh bei Einbruch der Dunkelheit mit einem Pferd, ritt weiter westwärts.

Ein weites Land lag zwischen dem flüchtenden Mädchen und der Karawane von Prinz Eisenherz. Aber mit jedem Tag verringerte sich der Abstand.

Die Reise durch das Heilige Land war für Arne, dem vieles aus der Bibel vertraut war, ein großes Erlebnis. Prinz Eisenherz war stolz auf seinen Sohn. Nun kamen sie in das alte Baalbek, das die Römer Helipolis – Sonnenstadt – genannt hatten. Auch hier verfielen die prachtvollen Bauwerke. Bis jetzt war die Reise erfolgreich; an die Königin der Nebelinseln wurde ein Schreiben gesandt. (Wochen später erhielt Aleta diesen Brief, der mit einer langen Warenliste für die Reise nach Bagdad begann, mit Worten schloß, die sie zum Träumen brachten.) Am Abend, Nikilos trug ein neues Gewand, stellte Ahmed fest, daß verkaufte Ware in seinen Listen nicht verzeichnet war. Ein Rätsel, aber nie-

mand konnte des Diebstahls verdächtigt werden.

Tausend Meilen entfernt. Das Nomadenmädchen, halb verhungert, traf auf eine Karawane. Die Reisenden waren vom Weg abgekommen, hatten kein Wasser. Das Mädchen erhielt ein Essen, dann führte sie die Karawane zu einem Wasserloch und zurück zur alten Handelsstraße. Man erlaubte ihr, weiter mit der Karawane zu ziehen. Sie war allein, sie war schutzlos unter diesen wilden Männern.

Prinz Eisenherz und seine Karawane erreichten die Stadt Aleppo im Norden Syriens. Hier trafen die Waren aus der Heimat ein, von hier aus wurden die eingehandelten Waren nach Hause geschickt.

Nach viel Verwirrung und Aufregung war die Karawane endlich wieder bereit für die Reise nach Südosten, nach Bagdad. Auch die Karawane mit dem Nomadenmädchen näherte sich von Osten nach Westen ziehend der Stadt Bagdad. Das Mädchen, geschickt im Umgang mit Pferden, erntete den Respekt des Anführers der Karawane. Aus dem Innern Asiens

kommend, bestaunte das Mädchen die riesigen Städte Samarkand und Buchara.

Am gleichen Tag führte Eisenherz seine Karawane über den Fluß Euphrat, durch die fruchtbare Ebene zwischen den Bergen und der Wüste. Die Zelte wurden aufgeschlagen, Arne erkletterte eine Burg, und eine alte Burg wollte erforscht sein. Er lief durch die verlassenen Hallen, kletterte über umgestürzte Säulen – und entdeckte plötzlich eine Horde bewaffneter Männer. Zu spät, um sich zurückzuschleichen. Arne stieg behutsam, um unnötige Geräusche zu vermeiden, die Treppe zur Turmruine hinauf.

Vom Turm aus sah Arne die Zelte der eigenen Karawane. Er mußte seine Leute warnen. Mit seinem eigenen Blut färbte er eine Pfeilspitze, mit aller Kraft spannte er den Bogen. Und Prinz Eisenherz erkannte den Pfeil, der durch die Luft zischte, wußte die Botschaft zu deuten. Die Banditen, die ein schlafendes Lager überfallen wollten, sahen sich plötzlich einem kampfbereiten Krieger gegenüber. Das Singende Schwert schwingend, bahnte sich Eisenherz seinen Weg, Arnes Pfeile sirrten durch die Luft. Die unverletzten Räuber ergriffen die Flucht. Es wurde dunkel. „Guten Abend, Sir, können wir jetzt essen gehen?" Eisenherz antwortete Arne: „Ja, du Schlingel."

Zur gleichen Zeit . .

. . . rastete eine andere Karawane. Ein Wüstenreiter trat zu dem einsamen Mädchen, für ihn nicht mehr als eine Dienerin. Doch dieses Mädchen wollte sich nicht unterwerfen, sie zog ihren Dolch. Ihrem toten Feind nahm sie den großen, glänzenden Türkensäbel ab, packte alle seine Habseligkeiten, nahm sein Pferd. Vor Furcht folgte ihr keiner. Sie ritt nach Westen, allein und frei. Und wieder traf sie auf eine Karawane. Sie wollte das eine Pferd gegen Kleidung und Nahrung eintauschen. Sie spürte die Verachtung der Männer. Sie merkte den Neid auf ihre Geschicklichkeit. Zorn erfüllte ihr stolzes Herz.

Eisenherz' Karawane näherte sich von Westen kommend der Hauptstadt Mesopotamiens. Der Prinz war stolz auf seinen mutigen und klugen Sohn. Die Reise führte durch Gärten, Wüsten, Schluchten. Jeder Tag brachte neue Wunder. Endlich erreichten sie den Tigris, am anderen Ufer lag Bagdad. In einer Karawanserei wurden die Pferde untergestellt und die zahlreichen Waren gestapelt.

Im wilden Bergland machte eine Karawane Rast. Die Araber knieten in Richtung Mekka nieder, wo der verehrungswürdige Schwarze Stein Kaaba steht. Die Perser waren Anhänger des Zarathustra, ein Priester stellte das ewige Feuer der Sonne auf einen Altar. Das Mädchen brachte ihren Göttern ein Opfer: Wasser, das Fruchtbarkeit und Leben schenkt.

„Weg damit!“ kreischte der Priester, trat dem Mädchen die Schale mit Wasser aus den Händen. „Meine Götter sind aber stärker als Eure!“ schrie das Mädchen – und das heilige Feuer erlosch. Und schon galoppierte das Mädchen davon, wieder auf der Flucht. Sie ritt westwärts durch die Berge, hier standen Bäume, gab es Wasser, Wild. In weitem Bogen mied sie die großen Städte.

In der Stadt Bagdad hatte Prinz Eisenherz seine Reise in den Orient erfolgreich beendet. Die Gilde der Kaufleute hatte mit dem Reich der Nebelinseln einen Handelsvertrag geschlossen. Eisenherz war zufrieden.

Arne spazierte staunend durch die Stadt, nie würde er vergessen, was er in den Basaren gesehen, gehört und gerochen hatte. Nikilos vergnügte sich, Ahmed allein war unglücklich; er wußte, daß sein Freund ihren Herrn begaunerte. Und Ahmed dachte an die Vergangenheit, er bat Eisenherz: „Darf ich noch einmal mein Dorf sehen? Es ist nicht weit von hier. Vor zehn Jahren wurden wir von Wüstenräubern überfallen, ich wurde verschleppt. Ob meine Eltern noch leben?“ Ahmed wurde von Eisenherz und Arne begleitet. Bevor sie einen Fluß überquerten, bestimmte Eisenherz: „Du sollst nicht als Sklave heimkehren. Du bist frei!“

Staunend standen sie in den Ruinen von Babylon, kletterten auf die Grundmauern des Turms von Babel. Dann fanden sie das Heimatdorf Ahmeds. Nur Trümmer waren noch zu sehen, niemand lebte hier mehr – schon seit langem nicht mehr, seit damals. Weinend stand Ahmed inmitten des zerstörten Dorfes.

Von einem Hügel sah das verfemte Reitermädchen auf die Stadt Bagdad, die im gleißenden Licht der Sonne lag. Sie haßte und fürchtete Städte. Um zu überleben, mußte sie verkaufen und kaufen. Sie ritt in die Ebene, in die Stadt, vor der sie Angst hatte.

Zur gleichen Zeit kehrten auch der heimatlose Ahmed, Prinz Eisenherz und Arne in die Stadt zurück.

Das Mädchen setzte sich auf den Marktplatz, wartete auf einen Käufer für den kunstvoll gearbeiteten Sattel. Eisenherz kam vorbei, blieb stehen, gebannt vom Anblick der beiden schönen, gepflegten Pferde. Er unterhielt sich mit der Reiterin, lächelte über ihre drollige Art zu sprechen, erfuhr, daß sie Taloon hieß und kaufte den Sattel. Taloons Augen glänzten vor Freude, zum erstenmal seit ihrer Verbannung konnte sie wieder mit einem Menschen lachen.

Gegen Abend brachte sie den Sattel in die Karawanserei. Eisenherz hätte gern auch noch ihre schönen, gepflegten Pferde gekauft, so lud er das Mädchen Taloon zum Essen ein. Ahmed, der das schöne, stolze Mädchen bewundernd angeschaut hatte, und Nikilos waren verstimmt, sie mußten heute mit den Treibern essen; das gefiel ihnen nicht.

In dieser Nacht lag Taloon noch lange wach. Eisenherz war ihr mit Achtung begegnet, war anständig, höflich und liebenswürdig zu ihr gewesen. Er war ein außergewöhnlicher Mann. Er war ein Mann! Bis ans Ende der Welt würde sie ihm folgen.

Am frühen Morgen standen Arne und das Mädchen vor Eisenherz. „Taloon kann unsere Lasttiere so pflegen, daß sie aussehen wie ihre Pferde.“ Erst waren die Treiber und Reiter verärgert, als Arne Taloons Anweisungen weitergab, dann aber freuten sie sich auch an dem guten Zustand der Tiere. Eisenherz war dankbar, mit gesunden und kräftigen Pferden würde die Rückreise rascher verlaufen. Ahmed verfolgte mit seinen Blicken Taloon. Er war ein freier Mann, der davon träumte, in sein Dorf zurückzukehren, sein Haus wieder aufzubauen, eine Frau zu nehmen, mit Taloon könnte er eine Pferdezucht eröffnen. Es wäre das Paradies. „Aber wird sie mich beachten?“

Nikilos kehrte in aller Eile aus der Stadt zurück. Er hatte am Spieltisch gewonnen, aber sein Falschspiel war entdeckt worden. Nach Unterhaltung suchend, sah er die schöne Taloon. Aber an seinem Witz fand sie keinen Gefallen. Die Zurückweisung weckte seine Leidenschaft. Er trat zu Ahmed ins Zelt.

Ahmed gestand Nikilos seine Liebe zu Taloon. Eine verhängnisvolle Entwicklung nahm ihren Lauf. Eisenherz ahnte nichts, er dachte an Aleta und freute sich auf die Heimreise. Er merkte nicht, daß Taloons Herz ihm gehörte. Ahmed träumte von ihr. Nikilos begehrte sie. Und er begann ein gefährliches Spiel, schmiedete eine tödliche Waffe: Eifersucht. „Schau, wie häufig Taloon zum Zelt des Prinzen geht. Wäre ich ein Prinz, ich brauchte auch den schönen Mädchen nur zu befehlen." Ahmed wußte, Eisenherz war ein ehrenwerter Mann.

Aber die Eifersucht wurde von Nikilos geschürt, dessen Leidenschaft für Taloon ihn fast verzehrte. Eisenherz war häufig mit Taloon zusammen. Sie kümmerte sich um die Pferde, die kräftig und gesund für die Reise in den Westen sein sollten. Das gemeinsame Essen war nicht mehr so lustig wie früher. Ahmed ertrug es nicht länger, wie Taloon den Prinzen verehrte. Brüsk stand er auf, ging in sein Zelt. Eisenherz merkte nicht, welch dunkles Schicksal dräute. Nikilos folgte Ahmed, der gerade seinen Dolch schärfte.

„So", zischte Nikilos, „der Sklave ist ein Mann geworden. Hoffentlich hat er auch den Mut, die Frau zu verteidigen, die er liebt." Ahmed verließ das Zelt. Nikilos wartete. Vielleicht traf es beide Rivalen – seinen besten Freund und seinen freundlichen Herren. Nikilos fühlte sein Unrecht, doch er wehrte dem Unglück nicht.

Eisenherz und Arne wollten sich eben schlafen legen, als Ahmed das Zelt betrat, den Dolch im Gewand versteckt. Er trat auf Eisenherz zu. Eisenherz, der ihm die Freiheit geschenkt hatte. Arne schrie auf, sein

Vater warf sich zur Seite. Der Dolch war schneller. Ehe Arne sein Schwert greifen konnte, stürmte Taloon ins Zelt. Sie sah den Dolch in Ahmeds Hand, sie blickte auf den Mann, den sie so sehr liebte, der jetzt am Boden lag, blutend Ahmed starrte Taloon an, erkannte, daß er ihr Herz verwundet hatte, daß sein Traum vom Paradies gestorben war. Regungslos wartete er auf den tödlichen Stoß ihres Dolches. Nikilos hatte alles beobachtet, nun hatte er keine Rivalen mehr. Donnernde Hufe aber sagten ihm, daß Taloon geflohen war.

Prinz Eisenherz wurde in einer Sänfte zum Haus eines reichen Kaufmanns gebracht. Im Garten voll duftender Blüten, neben einem sprudelnden Brunnen, wurde Eisenherz' Krankenlager errichtet. Der Gastgeber ließ einen Arzt rufen. Der schüttelte den Kopf: ,,Der Mann, der diesen Dolch führte, verstand sein Handwerk nicht. So, wie er die Klinge hielt, konnte sie nicht durch die Rippen dringen.“ Eisenherz erholte sich rasch, Arne trug die Verantwortung für die Karawane. Als er wieder seinen Vater besuchte, bewachte Nikilos das Lager. Das war eine einmalige Gelegenheit, seinen Herrn zu berauben. Er zögerte, dachte an Taloon, die weit draußen durch die Steppe ritt, nach Hause zu ihrem Volk wollte. Nikilos wußte, daß alle Reichtümer ihn nicht mehr lockten, er wollte nur noch das wilde schöne Mädchen. Er stahl nur zwei Pferde und Proviant.

Wie ein gehetztes Tier ritt Taloon nach Osten. Und Nikilos folgte ihr, getrieben von selbstloser Liebe. Ihrer Spur war leicht zu folgen, ein unverschleiertes Mädchen, das allein über Berge und durch Täler ritt, fiel den Händlern und Viehzüchtern auf. Sie wiesen Nikilos den Weg. Niemand hätte die verwegene Reiterin einholen können. Doch sie mußte Wild jagen, Früchte und Beeren sammeln. Im Gebirge, auf einer Paßhöhe an der äußersten Grenze Persiens, standen sich Taloon und Nikilos plötzlich gegenüber. „Prinz Eisenherz lebt", sagte er. Ein lautloser Seufzer der Erleichterung entrang sich ihren Lippen. „Und ich liebe dich", fügte er hinzu, fand keine weiteren Worte, blickte voller Verlangen das schöne Mädchen an. Taloon erwiderte seinen Blick. Dann hüllten Wolken und Nebel die beiden ein. Ihre Spuren verwischte der Wind.

Nur eine weitere Narbe verzierte ihn, als Prinz Eisenherz die Abreise befahl. Einige Kamele waren eingetauscht worden, mit einer Vorhut seiner Reiter erreichte Eisenherz nach vielen Tagen die Stadt Deir ez Zor, zwei Drittel des Weges nach Aleppo waren zurückgelegt. Arne war zum erstenmal auf einem Kamel geritten und wußte nun, warum dieses Tier Wüstenschiff heißt: ihm war sehr übel von der Schaukelei. Eisenherz erinnerte sich an diese Stadt. In einer der Gassen flüsterte er Arne zu: „Siehst du diesen fetten Kaufmann dort? Das ist Belchad Abu, der einst das Singende Schwert und einen Sklaven namens Eisenherz besaß. Komm, laß uns einen Spaß machen.“ Sie nahmen ihre Waffen und folgten dem Dicken bis in sein Haus, wo man früher Eisenherz auspeitschen ließ. „Die Karawanserei ist für königliche Gäste nicht geeignet. Ihr gewährt mir doch Unterkunft für diese Nacht?“ Der Kaufmann ärgerte sich, da fiel sein Blick auf das Singende Schwert. Er fing an zu zittern, wurde kreidebleich.

Der Kaufmann starrte Eisenherz an. Sein Gast hatte keinen Grund, ihn zu mögen. Auch er erinnerte sich an die Vergangenheit, an den Tag, als er in Damaskus von einem Araber einen kräftigen Sklaven kaufte. Und noch jemand erinnerte sich: des Kaufmanns Tochter Berenice. Damals war sie ein schönes schlankes Mädchen gewesen, hatte den Liebesschwüren von Eisenherz – wie er sie oft von Gawain gehört hatte – Glauben geschenkt. Sie hatte ihm auch zur Flucht verholfen*. „Du bist zu mir zurückgekehrt", hauchte sie, „ich wußte immer, daß du mich liebst." „Hast du vergessen, daß ich hungerte und ausgepeitscht wurde?" „Ach, du dummer Junge", flötete sie, „alle Sklaven werden doch geschlagen."

*Wer von den Lesern sich nicht erinnert, der lese dieses Abenteuer im ersten Band unserer großen Ausgabe „Prinz Eisenherz im Mittelmeer"

Am nächsten Morgen. Berenice zog ihr schönstes Kleid an, hüllte sich in Parfümwolken, betrachtete sich im Spiegel, war sicher, daß der Prinz ihr nicht widerstehen konnte. Dieser aber verließ gerade eilig das Haus. „In deiner Jugend warst du sicher ein großer Herzensbrecher", neckte Arne seinen Vater. „Weiß Mutter, welchen Frauenheld sie geheiratet hat?" „Ach, sei still", murmelte Eisenherz zwischen zusammengepreßten Lippen. Die verwöhnte Berenice, die immer alles bekommen hatte, was sie wollte – außer Eisenherz – tobte und kreischte, zerfetzte ihr Kleid, warf sich in die Arme ihres Vaters. Damit sie nicht die einzige war, die Kummer hatte, befahl sie, jedem Sklaven fünf Peitschenhiebe überzuziehen. Nach dieser Anordnung fühlte sie sich wohler.

Prinz Eisenherz weckte seine Treiber, befahl ihnen, schnell die Lasttiere zu packen, Kamele und Pferde zu satteln. Schnell weg von diesem Ort! „Und nun zu dir, mein Sohn. Ein Wort zu deiner Mutter, und ich ziehe dir das Fell über die Ohren!“ „Wieso denn, Vater? Du hattest recht, wir hatten unseren Spaß. Außerdem weißt du, daß ich manchmal ein loses Mundwerk habe.“ Arne betrachtete lange sein Schwert, dann sagte er ruhig zu seinem Vater: „Eine neue Damaszenerklinge könnte mich zum Schweigen bringen.“ „Du Gauner“, stöhnte Prinz Eisenherz.

Auf dem Weg, den die Karawane noch zurückzulegen hatte, wartete allerdings ein wirklicher Gauner . . .

Alimann hatte schon viele Verbrechen begangen. Er beobachtete von seiner Bergfestung, wie die Männer eines nahen Dorfes nach Deir ez Zor ritten. Er überfiel das hilflose Dorf. Später sah er die Männer des Dorfes zurückreiten. Er fragte sich, ob es im Dorf Überlebende geben mochte, ihn zu verraten. Er brauchte Verstärkung, um seine Festung zu verteidigen. Da sah er einen Ritter mit Gefolge nahen. Alimann schickte einen Boten. So genossen Prinz Eisenherz und seine Männer die Gastfreundschaft eines Schurken.

Die Nacht verging, ohne daß Prinz Eisenherz sein Singendes Schwert hatte ziehen müssen, seinen Gastgeber zu verteidigen. In der Morgendämmerung schlich Alimann in den Hof, weckte einen von Eisenherz' Kameltreibern, flüsterte mit ihm, steckte ihm einen Geldbeutel zu.

Als Eisenherz abreisen und sich bedanken wollte, war Alimann nicht zu finden. Er schrieb einen höflichen Brief, dann setzte sich die Karawane in Bewegung. Bald hörten sie donnernden Hufschlag, Eisenherz drehte sich im Sattel um, in vollem Galopp näherte sich eine große berittene Truppe. Prinz Eisenherz lockerte den Griff seines Singenden Schwertes, griff zu seinem Schild. Die kampfbereiten Wüstensöhne umzingelten die Karawane, richteten drohend ihre Lanzen und Schwerter gegen die Treiber, die Krieger, gegen Eisenherz und Arne.

Der Anführer sprang von seinem Pferd, trat auf Eisenherz zu, blickte ihm streng ins Gesicht und sprach: „Wir suchen Alimann den Schurken. Als wir in unser Dorf zurückkamen, fanden wir nur noch rauchende Ruinen. Unsere Frauen, die Alten und die Kinder waren ermordet worden. Unser ganzes Hab und Gut war geplündert. Wir hörten, Ihr wart seine Gäste." Anklagend blickte der Anführer auf Prinz Eisenherz, in seinem Gesicht spiegelten sich Schmerz und Rachsucht. Eisenherz zeigte Verständnis für die fremden Männer.

Prinz Eisenherz sprach mit ehrlichen Worten den Männern sein Mitleid aus. „Hätten wir von seinem Verbrechen gewußt, wir hätten Alimann in Ketten gelegt und Eurer Gerechtigkeit übergeben. Blickt Euch um, dieser Mörder ist nicht in unserer Gesellschaft."

Die Truppe der Reiter preschte wieder in die Wüste, auf der Suche nach dem Schlächter ihrer Angehörigen.

Die Karawane zog weiter nach Westen. Am Abend, als das Lager aufgeschlagen, die Kamele abgeladen wurden, entdeckten sie, daß Alimann doch in ihrer Gesellschaft war. Der Schurke war der Wut seiner Feinde entkommen. Eisenherz zog das Singende Schwert. Als Ritter von König Arthurs Tafelrunde hatte er geschworen, Missetäter und Verbrecher zu bestrafen. Doch konnte ein Ritter diesen winselnden Wurm töten? Eisenherz zauderte. Da sprang Alimann plötzlich auf. Mit tückisch blickenden Augen sah er um sich, zückte seinen Krummdolch. Wenn er den Sohn von Eisenherz als Geisel nähme . . .

Doch Arne verstand sich zu verteidigen.

Alimann rannte los, wie von Furien gehetzt sprang er über die Dünen. Er hatte fürchterliche Angst. Er flüchtete, begleitet nur von dem einzigen Gefährten, der ihm geblieben war – der Feigheit.

Prinz Eisenherz sah Alimann in die Wüste laufen, er steckte das Singende Schwert zufrieden in die Scheide. Die gnadenlose Wüste, ihre glühende Hitze – sie sollten das Urteil an Alimann, dem Mörder der Unschuldigen, vollstrecken.

Alimann rannte durch die Nacht. Als der Tag anbrach, die Sonne ihre sengenden Strahlen schickte, versteckte er sich in einem Wadi. Das Wasserloch war ausgetrocknet. Durst quälte ihn. Wie selbstherrlich und unbarmherzig, wie sicher wäre er doch in seiner Festung gewesen. Nun war er allein und von Feinden verfolgt, von einer feindlichen Natur umgeben.

In den Schatten eines Felsens geschmiegt, der ihn vor seinen Verfolgern und der brennenden Sonne schützte, verbrachte er schier endlose Stunden. Sandstürme tobten über ihn hinweg, Geier flogen hoch oben am Himmel über seinem Versteck. Endlich sank die Sonne dem Horizont entgegen. In der Dämmerung schlich Alimann weiter.

Nur in seiner Festung war Sicherheit für Alimann. Im Schutze der Dunkelheit schlich er den Berg hinan. Er klopfte mit seinem Dolch ans Tor, flüsterte: „Macht auf! Ich bin es, Alimann." Das Tor öffnete sich. Alimann stürzte über den Hof seiner Festung. Den dunklen Gestalten schrie er zu: „Verdoppelt die Wachen! Alle Mann zu den Waffen!" Mit letzter Kraft stieg er die Stufen zur großen Halle hinauf. Licht brannte hier oben. Endlich war er wieder zu Hause – in Sicherheit . . .

Alimann betrat die große Halle, ging auf seinen Sessel zu, in dem er sich ausruhen wollte. Plötzlich spürte er Lanzen in seinem Rücken, die ihn durch die große Halle vorwärtsdrängten. Dann stand er den Männern gegenüber, die er am meisten fürchtete. Die Männer, deren Dorf er geplündert hatte, deren Angehörige er gemeuchelt hatte. Sie warteten auf ihn. Aus ihren Gesichtern sprach unbarmherzige Gerechtigkeit.

Und Prinz Eisenherz strebte indessen weiter westwärts. Jeder Schritt brachte ihn näher der ersehnten Heimat, der geliebten Aleta, neuen Abenteuern.

Prinz Eisenherz

1
IN DEN TAGEN KÖNIG ARTHURS
KÄMPFT GEGEN DIE HUNNEN
IM MITTELMEER

2
AUF GEFÄHRLICHEN REISEN
DIE GOLDENE PRINZESSIN
IN DER NEUEN WELT

3
ZWISCHEN LEBEN UND TOD
REITET FÜR THULE
SEIN FREUND BOLTAR

4
BÄNDIGT REBELLEN
BEFREIT ALETA

5
DIE HERAUSFORDERUNG
IM AUFTRAG DES KÖNIGS

6
IM KAMPF GEGEN DÄNEN
UND SACHSEN
DIE REISEN IN DEN ORIENT

7
ABENTEUERLICHE RÜCKKEHR
NACH CAMELOT
VERRAT AN KÖNIG ARTHURS HOF

8
DER SIEG ÜBER
DIE SACHSEN
EIN KAMPF UM THULE

9
ROTHÄUTE UND
BLEICHGESICHTER.
VERRAT UND MASKERADEN

10
DIE GROSSE JAGD
DER SKLAVENAUFSTAND